I0822071

LAS GLORIAS DE MARÍA

LAS GLORIAS DE MARÍA

EXPLICACIÓN DEL "DIOS TE SALVE, REINA"

Por

San Alfonso de Ligorio

TEXTO ADAPTADO

CATHOLIC BOOK PUBLISHING CORP.
Nueva Jersey

NIHIL OBSTAT: Rdo. Darwin J. Lastra
Censor Librorum

IMPRIMATUR: ✠ Kevin J. Sweeney, D.D.
Obispo de Paterson

October 2, 2020

Traducido por Mons. C. Anthony Ziccardi, S.S.L., S.T.D.

El Nihil Obstat e Imprimatur son declaraciones oficiales de que un libro o librito es libre de error doctrinal o moral. Esto no quiere decir, de ningún modo, que los que han concedido el Nihil Obstat e Imprimatur están de acuerdo con sus contenidos, opiniones, o afirmaciones.

(T-360S)

ISBN 978-1-947070-99-8

Impreso en China 24 RD 2

catholicbookpublishing.com

INTRODUCCIÓN

SAN Alfonso escribió *Las Glorias de María* para defender el papel sublime de nuestra Señora en la devoción tradicional de los católicos. Algunos autores de su tiempo, contaminados por el jansenismo, se ocupaban en burlarse de la devoción a María y en criticar de modo especial el *Dios te salve, Reina (Salve, Regina)*.

El modo admirable de San Alfonso de abordar el escándalo falso de estos con respecto a las comunes costumbres católicas era bastante sencillo, pero aplastante en su efecto. Él citó a Santos, a Doctores, a papas, a teólogos, las Sagradas Escrituras, la Liturgia, el pensamiento de la Iglesia, y el gran tesoro de la tradición católica; y contestó, diciendo equiparablemente, "Aquí está tu respuesta."

San Alfonso no discutió, sino de vez en cuando. ¿Qué necesidad había de discusiones? Su tono era callado pero devastador, lleno de la tranquila seguridad que deriva de la dependencia de la autoridad irrecusable. Él era cariñoso y a veces extático, especialmente cuando se dirigía a nuestra Bienaventurada Señora con sus oraciones bellísimas. Escribía con la inteligencia de un genio y el corazón de un niño—un gran teólogo que era también un Santo.

Nadie va a conocer el alcance de su influencia sobre aquellos milliones de espíritus verdaderamente católicos que quieren ser fieles a nuestra Señora.

Esta adaptación de la obra es para los lectores a que no les agradan tratados largos o que pronto se cansan de citas amontonadas. Esperando atraer a tales lectores, he meramente quitado dos tercios del original y he tratado de no interrumpir el texto a menudo con citas y fuentes.

En lo posible, he colocado los nombres de los autores citados en una lista en la parte posterior del libro titulada "Referencias," para hacer las páginas de la mayor parte del libro más agradables a la vista. Una adaptación como ésta no quiere ser una fuente útil a los estudiosos con notas al pie de las páginas que molestan al lector típico.

En algunos contextos, para asegurar continuidad y claridad, he agregado una o más frases. Por lo demás, no he añadido nada al texto.

Las citas de las Sagradas Escrituras son nuevas interpretaciones. En algunos casos, hice las traducciones del texto italiano; pues las nuevas traducciones en inglés no apoyan las utilizaciones de las citas hechas por San Alfonso de la Vulgata.

He hecho esta adaptación directamente de la edición crítica italiana de *Le Glorie de Maria* del año 1936. Entonces, la obra completa fue traducida en inglés por el Padre Charles Fehrenbach, C.Ss.R. en 1962. He utilizado también la traducción bien conocida, hecha en 1887 por el Padre Eugene Grimm, C.Ss.R., así como la traducción privada y no publicada que fue producida por el Padre Paul Balzer unos treinta años atrás.

La obra original de *Las Glorias de María* fue compuesta de dos partes—el comentario célebre del Santo sobre el *Dios te salve, Reina*, y sus discursos sobre las fiestas principales y las virtudes especiales de nuestra Señora, junto con ciertas devociones y costumbres marianas.

En el Capítulo 5, vas a encontrar que el Santo interrumpe su argumento en defensa de la grandeza de nuestra Señora con estas palabras galantes y valientes:

"Séame permitido hacer una breve digresión y expresar aquí mi propia opinión. Yo diría que cuando se trata de una sentencia que en cierto modo es honrosa a la Bienaventurada Virgen María, que se encuentra fundada, y que no es disconforme ni a la fe ni a los decretos de la Iglesia ni a la verdad, el rechazarla o contradecirla porque la sentencia contraria puede ser verdadera, demuestra poca devoción a la Madre de Dios.

"No quiero pertenecer al número de estos devotos templados, ni quiero que de ellos sean mis lectores. Más bien quiero ser del número de los que creen plena y firmemente todo lo que sin error puede creerse de la grandeza de María.

"Si no hubiese otra razón para quitarnos el temor de excederse en las alabanzas de María, sería suficiente la opinión de San Agustín: él declara que, por mucho que honremos a María, todo es poco en comparación a lo que ella se merece debido a su dignidad de Madre de Dios."

Esto resume admirablemente la actitud del defensor muy animado de nuestra Señora, en una época que despreciaba muchos siglos de devoción instintivamente católica.

La sensación que tienen lectores devotos leyendo alguna parte del comentario del Santo es asombro y sobrecogimiento al darse cuenta de la potestad de María. Pero el Santo, siendo un teólogo magistral y Doctor de la Iglesia, se cuida de poner esa potestad en el justo contexto.

Son la bondad y la misericordia de Dios que vienen a nosotros por medio de la intercesión de María. Ella es la vía—de Jesús y a Jesús—por el diseño de Dios Mismo.

Otra sensación que tienen los lectores quienes vienen a conocer el libro un tanto es la de la superabundancia de Dios, la preocupación divina de *demostrar*, por medio de María, que Él es verdaderamente nuestro Dios misericordioso.

En cuanto a las historias que el Santo utiliza, especialmente las que contienen apariciones de nuestra Señora, no se exige darlas más que creencia humana; ciertamente, no tienen la autenticidad de las apariciones célebres de Lourdes o, digamos, de Fátima. San Alfonso empleó ciertas historias tradicionales como ejemplos populares e inspiradores, no como pruebas apoyando su argumento.

Espero que lo que he hecho servirá el objetivo que el gran Alfonso se propuso—despertar en sus lectores una confianza más profunda en la intercesión poderosa de nuestra Señora. Ella es el don más precioso de Dios después del regalo inefable del Verbo Encarnado.

John Duffy, C.SS.R.

ÍNDICE DEL CONTENIDO

Dios te salve, Reina

Dios te salve, Reina y Madre de misericordia,
vida, dulzura
y esperanza nuestra; Dios te salve.
A ti llamamos los desterrados hijos de Eva.
A ti suspiramos, gimiendo y llorando en este valle de lágrimas.
Ea, pues, Señora, abogada nuestra,
vuelve a nosotros esos tus ojos misericordiosos.
Y después de este destierro, muéstranos a Jesús, fruto bendito de tu vientre.
¡Oh clementísima, oh piadosa,
oh dulce Virgen María!

CAPÍTULO 1

DIOS TE SALVE, REINA Y MADRE DE MISERICORDIA

1.
Nuestra Confianza en María Ha de Ser Grande, por Ser Ella Reina

LA gloriosa Virgen ha sido elevada a la dignidad de Madre del Rey de los reyes. En consecuencia, la Iglesia la honra con el resplandeciente título de Reina y nos pide que hagamos lo mismo.

Dice San Atanasio: "Si el Hijo es Rey, la Madre ha de tenerse por Reina."

Añade San Bernardino de Siena: "Desde el instante en que consintió en aceptar el ser Madre del Verbo Eterno, María mereció ser la Reina de todo el mundo y de todas las criaturas."

San Arnoldo Abad, declara: "Si la carne de María no fue distinta de la de Jesús, ¿cómo podemos negar a la Madre la dignidad real de su Hijo?... De modo que debe pensarse que la gloria del reinado no sólo es *común* entre la Madre y el Hijo, sino que es la *misma*."

* * *

Si Jesús es el Rey del universo, María es también su Reina. Y siendo Reina, ella posee debidamente todo el reinado de su Hijo.[1]

San Bernardino de Siena argumenta así: Tantas criaturas como sirven a Dios sirven a María. Ya que estando sujetos a Dios los ángeles, los seres humanos, y todas las cosas en el cielo y en la tierra, lo están también a la Virgen.

El Abad Guerrico, dirigiéndose a la Madre de Dios, exclama: "¡Oh María, dispone con confianza de los bienes de tu Hijo! Prosigue segura, Reina, Madre, y Esposa del Rey, pues se te debe el dominio y el poder sobre todas las criaturas."

* * *

María es, pues, Reina. Y, acuérdese cada uno para nuestro común consuelo que es una Reina llena de ternura y de benignidad, dispuesta a ayudar a los necesitados. Por eso, la Iglesia quiere que la saludemos y la llamemos en esta oración Reina de misericordia. ¡Dios te salve, Reina y *Madre de misericordia!*

* * *

El título de reina significa piedad y caridad hacia los pobres. El título de emperatriz significa severidad y rigor.[2] La grandeza de los reyes y de las reinas consiste en aliviar a los miserables.[3]

Los tiranos tienen como objetivo su propio interés. Los reyes tienen como objetivo el bien de los súbditos. De ahí que en la consagración de los reyes se les unge las manos con aceite—ya que es símbolo de misericordia.

* * *

Los reyes, pues, han de ejercer principalmente las obras de misericordia. Sin embargo, no deben dejar de usar la justicia contra los malhechores.

Pero no es así con María. Aunque Reina, no lo es de la justicia, castigando a los malhechores. Ella es Reina de misericordia, que procura la piedad y el perdón a los pecadores. Por eso, la Iglesia nos hace llamarla expresamente "Reina de misericordia."

Juan Gerson, Canciller Mayor de París, observa que el Reino de Dios, fundándose en la justicia y en la misericordia, fue dividido por nuestro Señor. Él ha reservado para Sí el reino de la justicia, y ha dado el reino de la misericordia a María. Y ha ordenado que todas las misericordias que se otorgan a los hombres pasen por las manos de María y se distribuyan según su voluntad.

Lo confirma Santo Tomás, diciendo: "Cuando la Bienaventurada Virgen concibió en su seno al Verbo Eterno y Le dio a luz, obtuvo la mitad del Reino de Dios. Ella fue constituida Reina de la *misericordia*, y su Hijo quedó Rey de la *justicia*."

* * *

¿Será posible que Dios no la oiga? ¿Quién desconoce la fuerza de las súplicas de María? *La ley de la clemencia está en su lengua* (Pr 31:26). Todos sus ruegos son como una ley establecida por el Señor para usar la misericordia con todos aquellos por quienes ella interceda.

San Bernardo pregunta por qué la Iglesia llama a María Reina de misericordia. Y contesta: "Porque nosotros creemos que ella abre el abismo de la misericordia de Dios a quien quiere, cuando quiere, y como quiere, de manera que no hay pecadores—por enormes que sean sus pecados—que se pierdan si María los protege."

* * *

Acaso temes que María se niegue a interceder por algún pecador al verlo demasiado cargado de pecados. ¡O tal vez debe arredrarnos la santidad y la majestad de esta Reina tan santa y grande!

No es así, dice San Gregorio Magno. Cuanto más santa es ella, tanto más es clemente con los pecadores que queriendo enmendarse a ella recurren.

Los reyes y reinas, con la majestad que ostentan, infunden miedo y hacen que sus súbditos teman acercarse a ellos.

Pero ¿qué temor pueden tener los miserables de acudir a esta Reina de misericordia? Ella ni infunde temor, ni muestra severidad alguna, sino tan sólo dulzura y suavidad.[4]

* * *

El historiador romano Suetonio narra que el Emperador Tito no sabía negar ninguna gracia al que se la pedía, de modo que a veces prometía más de lo que podía ortogar. Y al que le advertía sobre esto, Tito contestaba que el príncipe no debía despedir descontento a ninguno de los que él hubiera admitido a su presencia.

Por supuesto, muchas veces Tito mentía o faltaba a las promesas; pero nuestra Reina no puede mentir; y sin duda, puede conseguir para sus devotos cuanto quiere.

Y San Bernardo pregunta: "¿Quiénes son los súbditos de la misericordia, sino los miserables? Y ya que tú eres la Reina de los pecadores y yo el más miserable pecador, yo soy el principal de tus súbditos. Por tanto, oh Señora, ¿cómo no vas a tener piedad de mí?"

Ten piedad, pues, de nosotros, Reina de misericordia, y procura nuestra salvación.

* * *

En consecuencia, exclama San Gregorio de Nicomedia: "Oh Bienaventurada Virgen, nunca digas que no puedes ayudarnos a causa de la multitud de nuestros pecados. Tal es el poder de tu conmiseración, que ningún número de pecados puede nunca aventajarlo.

"Nada resiste a tu poder, pues Dios Padre estima como Suya tu gloria. Y Dios Hijo, gozando de tu gloria, como pagando una deuda, da cumplimiento a toda petición tuya."

María debe un reconocimiento infinito al Hijo por haberla elegido para Madre Suya. No obstante, no puede negarse que el Hijo está muy obligado a ella por haberle dado el ser de hombre.

Por eso, Jesús, como para recompensar cuanto debe a María, complaciéndose en su gloria, la honra en modo especial. Él escucha y cumple siempre todas sus peticiones.

* * *

Nuestra Bienaventurada Virgen dijo en visión a Santa Brígida: "Yo soy la Reina del cielo y la Madre de la misericordia. Yo soy la alegría de los justos y la puerta para introducir los pecadores a Dios.

"No hay pecadores en la tierra tan desventurados que se hallen privados de mi misericordia. Porque aun cuando no obtuvieran otra gracia por mi intercesión, reciben la de ser menos tentados por los demonios de lo que de otra manera lo serían.

"A no ser que haya sido absolutamente maldecido (con la irrevocable maldición de los condenados), ninguno se halla tan abandonado de Dios que si me invoca él no vuelva a Dios y obtenga Su misericordia. Todos me llaman la Madre de la misericordia. En verdad, la misericordia de mi Hijo hacia los seres humanos me ha hecho tan misericordiosa para con ellos.

"Soy con todos compasiva, y deseo ayudar a los pecadores. Son necios los que pudiendo en esta vida acudir a mí no lo hacen. Se condenan y serán infelices por siempre jamás."

* * *

Acude siempre a esta dulcísima Reina, y seguro te salvarás. ¿Te espanta y desanima la vista de tus pecados? Acuérdate que María ha sido constituida Reina de la misericordia para salvar a los pecadores más perdidos que se encomiendan a ella.

Estos serán su corona en el cielo, come dice su Divino Esposo: *¡Ven del Líbano, Esposa Mía, ven del Líbano! Serás coronada desde las guaridas de leones, desde los montes de leopardos* (Ct 4:8).

"Desde las guaridas de leones": ¿Cuáles son estas guaridas de leones, sino infelices pecadores cuyas almas se convierten en cuevas de pecados? Pues el pecado es el monstruo más deforme que puede haber.

2.

Nuestra Confianza en María Ha de Ser Mayor, por Ser Ella Nuestra Madre

NO sin motivo ni en vano los devotos de María la llaman Madre. De hecho, parece que no saben invocarla con otro nombre, y nunca se cansan de llamarla Madre.

De veras es ella nuestra Madre, no carnal, sino espiritual; la Madre de nuestra alma, de nuestra salvación.

* * *

Cuando el pecado priva el alma de la divina gracia, la priva también de la vida. Nuestro Bienaventurado Redentor, por un exceso de misericordia y de amor, vino a recobrarnos esta vida perdida con su Muerte en la Cruz. *Yo he venido para que tengan vida, y para que la tengan en abundancia* (Jn 10:10).

"En abundancia" porque, como nos dicen los teólogos, la Redención nos trajo más bienes que Adán nos causó daños con su pecado. De modo que, reconciliándonos con Dios, Se hizo Padre de las almas en la nueva ley de la gracia.

Pero si Jesús es el Padre, María es la Madre de nuestras almas. Dándonos a Jesús, con este don ella nos dio la vida sobrenatural. Después, ofreciendo en el Calvario la vida de su Hijo por nuestra redención, María nos hizo nacer a la vida de la gracia.

En dos momentos distintos, pues, como nos enseñan los santos Padres de la Iglesia, María se hizo nuestra Madre espiritual.

* * *

Esto aconteció por primera vez, como dice San Alberto Magno, cuando María mereció concebir en su seno virginal al Hijo de Dios.

San Bernardino de Siena dice lo mismo más claramente aún. En la Anunciación, nuestra Bienaventurada Señora dio el consentimiento que el Verbo Eterno aguardaba para hacerse su Hijo. Al dar su asentimiento, ella pidió a Dios, con inmenso amor, [y consiguió] nuestra salvación.

Dando su consentimiento, María se dedicó tan completamente en procurar la salvación de todos los seres humanos que ya desde entonces nos llevó en su seno. Y lo hizo con un amor mayor que el de cualquier otra madre por su niño.

* * *

En el segundo capítulo de San Lucas, el evangelista nos dice que María "dio a luz a su Hijo primogénito." ¿Ha de suponerse que después tuvo otros hijos?

No, porque es un artículo de la Fe que María no tuvo otros hijos fuera de Jesús. Pero tuvo otros hijos—hijos espirituales; y nosotros somos aquellos hijos.

Un día nuestro Señor dijo lo mismo a Santa Gertrudis, la cual leyendo dicho texto de San Lucas quedó confusa. Dios se lo explicó. Jesús fue el Hijo primogénito de María según la carne, pero todos los hombres fueron sus hijos segundos según el espíritu.

* * *

El segundo momento en que María se hizo nuestra Madre espiritual fue en el Calvario. Ofreció allí al Eterno Padre, con tanto dolor y padecimiento, la vida de su amado Hijo.

Entonces, declara San Agustín, ella cooperó con su amor a que los fieles nacieran a la vida sobrenatural. Con esto, María se hizo la Madre espiritual de todos los que son miembros de la Cabeza, Jesucristo.

María entregó su propia alma a la muerte para salvar a muchas otras almas.[5] Es decir, para salvarnos, ella convino en sacrificar la vida de su Hijo—porque Jesús era el alma de María; Él era su vida y su amor.

Simeón profetizó que algún día su bendita alma había de ser traspasada con una espada muy dolorosa. Esa espada fue la lanza que traspasó el costado de Jesús, que era el alma de María.

Entonces fue que esta Bienaventurada Virgen nos dio a luz, con sus dolores, a la vida eterna. Todos podemos llamarnos hijos de los dolores de María.

Nuestra Madre amorosísima estuvo siempre y del todo unida a la voluntad de Dios. Escucha a San Buenaventura: "María vio que el amor del Eterno Padre hacia los hombres era tan grande que quería la Muerte de su Hijo para salvarlos. Ella vio también que el amor del Divino Hijo hacia los seres humanos era tan grande que Se sometió a esta Muerte.

"Por eso, ella se conformó con este excesivo amor del Padre y del Hijo hacia el género humano. Con toda su voluntad, ella consintió que su Hijo muriera para que nos salváramos."

* * *

Es verdad que Jesús, al morir por la redención de los seres humanos, quiso ser solo, como predijo Isaías: "Yo solo he pisado el lagar" (Is 63:3). Pero al ver el gran deseo de María de dedicarse también a la redención del género humano, dispuso que también ella, con el ofrecimiento y con el sacrificio de la vida de su Hijo, cooperase a nuestra salvación, haciéndose así Madre de nuestras almas.

Nuestro Señor manifestó esta intención cuando, mirando desde la Cruz a Su Madre y a San Juan, dijo a María: "*Mujer, he ahí a tu hijo*" (Jn 19:26). Es como si dijera: "Aquí tienes al género humano, que ya nace a la vida de la gracia, porque tú ofreces Mi vida por la salvación de todos."

Y después, volviéndose al discípulo dijo: "*He ahí tu Madre*" (Jn 19:27). Con estas palabras (dice San Bernardino de Siena) María se convirtió en Madre, no sólo de San Juan, sino de todos los seres humanos, a causa del amor que les tuvo.

¡Dichosos los que viven bajo la protección de una Madre tan tierna y poderosa! El profeta David, aun cuando no había nacido María, ya buscaba la salvación de Dios proclamándose hijo de María, y rezaba así: "*Salva al hijo de tu esclava*" (Sal 85:16).

"¿De qué esclava?" pregunta San Agustín. "De la que dijo: *'He aquí la esclava del Señor'* (Lc 1:38)."

¡Qué bueno ser protegidos por tal Madre! ¿Quién se atreverá a arrancarnos de su seno? ¿Cuál tentación o cuál tribulación puede vencernos si ponemos nuestra confianza en ella, la Madre de Dios y nuestra Madre?[6]

* * *

¡Oh Madre tierna! ¡Oh Madre piadosísima! ¡Gracias a ti por siempre! ¡Gracias asimismo a Dios, Que nos ha dado a ti por Madre y por seguro refugio en todos los peligros de esta vida!

* * *

Regocijan ustedes todos, pues, hijos de María. Acuérdense que ella acepta por hijos suyos a los que quieren ser sus hijos. ¿Por qué temes perder tu alma si una tal Madre te defiende y te protege?

"Regocijaré," dice San Bernardo, "porque la causa de mi eterna salvación no se perderá, estando la sentencia en mano de mi Hermano y de mi Madre."

El mismo pensamiento anima a San Anselmo que exclama con gozo: "¡Oh dichosa confianza, oh seguro refugio! ¡La

Madre de Dios es también Madre mía! ¡Con que certidumbre, pues, hemos de esperar, ya que nuestra salvación depende de un Hermano tan bueno y de una Madre tan dulce!"

Por consiguiente, es nuestra Madre que nos llama en estas palabras de las Sagradas Escrituras: "*El que sea simple que venga acá*" (Pr 9:4). Los niños tienen siempre en los labios el nombre de la madre; y cuando tienen miedo o están en peligro, inmediatamente gritan: ¡Madre, Madre!

¡Oh María dulcísima, Madre amorosísima! Esto es precisamente lo que quieres, que nos hagamos niños y que te llamemos siempre a ti en todo peligro, ya que deseas ayudarnos y salvarnos, como has salvado a todos tus hijos que a ti han recurrido.

3.

El Gran Amor que Nos Tiene Esta Madre

SI María, pues, es nuestra Madre, podemos considerar cuánto nos ama. El amor de padres hacia sus hijos es un impulso de la naturaleza. Por eso, como observa Santo Tomás—en la ley divina, Dios impone a los hijos el precepto de amar a los padres; pero, por el contrario, no se manda expresamente a los padres que amen a sus hijos.

El amor de padres hacia sus hijos se halla grabado tan fuertemente por la misma naturaleza que, como dice San Ambrosio, "la madre se expone al peligro por el bien de sus niños—y hasta los animales más feroces no pueden dejar de amar a sus hijos."

Se dice que los tigres, al oír los gritos de sus cachorros presos por los cazadores, se echan a nadar hasta alcanzar el barco en que ellos se hallan. Si hasta los tigres, nos dice nuestra Madre cariñosa, no pueden olvidarse de sus cachorros, ¿cómo podré olvidarme de amar a ustedes, hijos míos?

Si sucediese lo que es imposible, que una madre se olvidara de su hijo, no es posible que yo deje de amar a un alma que se ha hecho mi hijo. *¿Puede una madre olvidar a su hijo, sin compadecerse del hijo de sus entrañas? Aunque ella lo olvide, yo nunca me olvidaré de ti* (Is 49:15).

* * *

María es nuestra Madre, no según la carne, como dijimos antes, sino por el amor. "*Yo soy Madre del amor hermoso*" (Si 24:24—Vulgata). Es decir, ella es nuestra Madre sólo por amor.

Por eso se gloría, según dice un autor, en ser Madre de amor. Ella es todo amor para con nosotros, sus hijos por adopción.[7]

* * *

La primera razón del grande amor que María tiene a los seres humanos es el amor tan grande que ella Le tiene a Dios. El amor a Dios y al prójimo, como escribe San Juan, están comprendido en el mismo precepto. "*Este mandamiento tenemos de Él: que el que ama a Dios, ame también a su hermano*" (1 Jn 4:21). Por eso, el uno crece con el otro.

Considera lo que los Santos hicieron por amor del prójimo porque amaban a Dios. Pero ¿quién ha amado a Dios más que María? Ella Lo amó desde el primer instante de Su vida más de lo que Lo han amado y amarán todos los ángeles y los Santos durante el curso de Su vida.

Nuestra Señora reveló a Sor María Crucificada que el fuego del amor que ardía en su corazón (es decir, el corazón de María) era muy grande. Si el cielo y la tierra fueran puestos en él, se consumirían inmediatamente. En comparación a este amor tan ardiente los ardores de los serafines no son más que soplos de un viento fresco.

Así como no hay entre los Bienaventurados ninguno que ame a Dios como Lo ama María, así no hay quien después de Dios nos ame más que esta amorosísima Madre.

Y aun si se reuniese el amor que todas las madres tienen a sus hijos, todos los esposos a sus esposas, y todos los ángeles y Santos a sus devotos, no llegaría al que María tiene a una sola alma.

El Padre Nieremberg dice que el amor que todas las madres tienen a sus hijos es una sombra en comparación con el que María tiene a cada uno de nosotros. Ella nos ama más que todos los ángeles y Santos juntos.

* * *

Además, nuestra Madre nos ama tanto porque su amado Jesús nos recomendó a ella como hijos cuando antes de expirar le dijo: "*Mujer, he ahí a tu hijo*" (Jn 19:26). Éstas fueron las últimas palabras que Él le dirigió. Y siempre atesoramos los últimos encargos de la persona amada en la hora de su muerte. Nunca los olvidamos.

* * *

También, somos hijos muy queridos de María porque le costamos mucho dolor. Y en general, una madre ama más al hijo cuya vida ha podido conservar a costa de más sufrimiento y dolor.

Nosotros somos tales hijos—porque María, para obtenernos la vida de la gracia, tuvo que sufrir una agonía amarga. Ella entregó a su amado Hijo a una Muerte ignominiosa, mirándolo morir por nosotros ante sus ojos a fuerza de tormentos crueles e incomparables.

En consecuencia, así como está escrito acera del Eterno Padre que amó tanto al mundo, dando a la muerte Su único Hijo (Jn 3:16), así se puede decir de María también que de tal modo amó ella al mundo, que *ella* llegó a darnos su único Hijo.[8]

¿Cuándo nos Lo dio? Nos Lo dio cuando Le permitió ir a la muerte. Nos Lo dio cuando no defendió ante los jueces la vida de su Hijo.

Cabe la probabilidad de que las palabras de una Madre tan sabia y amante hubieran podido impresionar, al menos a Pilato, quien sabía que Jesús era sin culpa y quien

Lo había declarado inocente. Pero María no quiso decir una palabra en favor de su Hijo para no impedir la Muerte, de la cual dependía nuestra salvación.

Ella nos Lo dio una y otra vez durante las tres horas de Su agonía. Asistiendo al pie de la Cruz, a cada instante, con dolor y amor, ella ofrecía la vida de su Hijo por nuestro bien.

Ella hizo esto con tanta constancia que si hubieran faltado verdugos ella misma Lo habría crucificado para obedecer a la voluntad del Padre.[9]

Si Abrahán halló animo para ser dispuesto a sacrificar a su hijo con las propias manos, debemos creer que María (siendo más santa y obediente que aquel) hubiera sacrificado a su Hijo con mayor firmeza.

* * *

De aquí proviene el otro motivo porque María nos ama tanto. Ella considera que somos el precio de la Muerte de Jesucristo.

Supongamos que una madre viera a un esclavo rescatado por su hijo con los padecimientos de veinte años de cárceles y trabajos, ¿cuánto no estimaría por esta sola razón a este esclavo?

Bien sabe María que su Hijo vino al mundo sólo para salvar a los pecadores miserables, como Él mismo lo declaró: "*El Hijo del Hombre ha venido a buscar y a salvar lo que se había perdido*" (Lc 19:10). Y para salvarnos dio Su propia vida.

Si María nos amase poco, demostraría estimar poco la sangre de su Hijo, que es el precio de nuestra salvación.

* * *

María es tan buena con todos, hasta con los ingratos y los negligentes que la aman poco y acuden a ella raramente. ¡Cuánto más amará a los que la quieren e la invocan a menudo!

Ella "*se adelante en manifestarse a los que la desean*" (Sb 6:13). Aunque ella ama a todos los seres humanos como sus hijos, sabe amar con preferencia a los que más tiernamente la aman.

El Beato Raimundo Jordano dice que los que encuentran a la Bienaventurada Virgen María hallan todo. Estos amantes de María no sólo son amados sino servidos por ella.

* * *

Sor Dominica del Paraíso, cuya vida fue escrita por el Padre Dominicano Ignacio de Niente, nació de padres pobres en un pueblecito cerca de Florencia. Desde muy niña comenzó a servir a la Madre de Dios.

Ayunaba en su honor todos los días de la semana y en los sábados distribuía a los pobres su propia comida. Cada sábado recogía en el jardín y por los campos todas las flores que podía y, trayéndolas a casa, las colocaba delante de una estatua de nuestra Señora con el Niño en los brazos.

¿Cómo recompensó esta agradecidísima Señora los obsequios de su sierva? Un día, cuando tenía diez años, estando Dominica a la ventana, vio en la calle una señora de noble aspecto que llevaba consigo un niño. Los dos extendían la mano en gesto de pedir limosna.

Dominica fue a buscar pan. Y de repente, sin que abriese la puerta, se los vio a su lado. Advirtió que el niño tenía atravesados los pies, el costado, y las manos. Le preguntó a la señora quién había herido al niño. La madre contestó: "El amor."

Dominica, encantada de la belleza y modestia del niño, le preguntó se le dolían las heridas. Él respondió solamente con una sonrisa.

Estaban cerca de la estatua de Jesús y María, y la señora le preguntó a Dominica: "Dime, pequeñita, ¿Qué te mueve a traer flores a estas imágenes?" Ella contestó: "Me mueve el amor que tengo a Jesús y a María."

"¿Cuánto los amas?" "Los amo cuanto puedo." "Y ¿cuánto puedes?" "Cuanto ellos me ayudan a amarlos." "Prosigue amándolos," dijo la señora. "Ellos te lo recompensarán en el cielo."

La muchacha sintió un suavísimo olor que salía de las llagas del niño, y le preguntó a la madre con qué ungüento las ungía y dónde podría comprarlo. La señora le contesto: "Se compra con la fe y las buenas obras."

Entonces Dominica les ofreció pan. "El amor es la comida de mi hijo," dijo la madre. "Dile que amas a Jesús, y esto lo llenará." Al oír la palabra "amor," el niño se llenó de gozo, y le preguntó a la muchacha cuánto ella amaba a Jesús.

Ella le contestó que lo amaba tanto que día y noche pensaba en Él y que quería sólo complacerlo en todo lo que podía. "Ámale mucho," dijo el niño, "y el amor te enseñará lo que debes hacer para complacerlo." El olor de las llagas se aumentaba, y Dominica exclamó: "Oh Dios, esta fragancia me hace morir de amor...."

De pronto, aconteció un cambio: la Madre apareció vestida de Reina y el Niño resplandeció con la belleza del sol. Él tomó las flores y las esparció sobre la cabeza de la muchacha—que, al reconocer a María y a Jesús, se postró en adoración. Entonces terminó la visión.

Después la muchacha tomó el habito de Santo Domingo, y murió en el olor de santidad en el año 1553.

* * *

"¡Ah dulcísima María!" exclamó San Juan Berchmans. "¡Dichoso el que te ama! Si yo amo a María, estoy seguro de perseverancia, y obtendré de Dios lo que deseo."

* * *

Quiero que todos los que se llaman hijos de María piensen en San Estanislao Kostka. Él amaba tan tiernamente a esta querida Madre que, hablando de ella, él excitaba a todos a amarla con un amor parecido al suyo.

Se inventaba nuevos palabras y títulos para honorarla. No empezaba acción alguna sin que, volviéndose a su imagen, le pidiera su bendición.

Cuando rezaba el Oficio, el Rosario, u otras oraciones en su honor, las decía con tan afecto como hablara cara a cara con ella. Cuando oía cantar la "Salve Regina," se apasionaban con amor toda su alma y todo su rostro.

Una vez en que iban a visitar un santuario de nuestra Señora, le preguntó un cohermano Jesuita cuanto amaba a María. "Padre," contestó, "ella es mi Madre. ¿Qué más puedo decir?"

* * *

Debemos amar a María como el Beato Herman. Él la llamaba la esposa de su corazón—porque ella también había honrado a él con el nombre de esposo. Debemos amarla como San Felipe Neri la amaba. Sólo *pensando* en ella, él se llenaba de gozo, así que la llamaba su Delicia.

San Buenaventura la llamaba su Señora y Madre—osea: "Mi Señora y mi Madre—o mejor, mi corazón y mi alma." Y San Bernardo, que quería tanto a nuestra

Señora, la llamaba "¡Raptora de corazones!"

* * *

O pensamos en el amor de San Francisco de Solano. Su amor era como una santa locura. Delante de la imagen de María se ponía a cantar con instrumentos músicos, y se justificaba diciendo que él le daba la serenata a su querida Reina.

Cuando una vez San Antonio Rodríguez rezaba a los pies de una imagen de nuestra Señora, se sintió apasionado de amor y exclamó: "Mi amantísima Madre, sé que me amas, pero no me amas tanto como yo te amo."

Como sintiéndose herida en punto de amor, nuestra Señora le respondió desde la imagen: "Antonio, ¿qué dices? ¡Cuánto más grande es el amor que yo te tengo que el que tú me tienes! No hay tanta distancia del cielo a la tierra como la que existe de mi amor al tuyo."

* * *

Con San Anselmo exclamaré: "¡Desfallezca mi corazón, y derrítase y consúmase de amor mi alma, mi amado Salvador Jesús y mi querida Madre María! Y ya que sin vuestra gracia no puedo amaros, concededme, Jesús y María, no por mis méritos sino por los vuestros, que yo os ame cuanto merecéis.

"Oh Dios, enamorado del género humano, has amado a los pecadores hasta la muerte. ¿Vas a negar a quien Te lo pide el amor Tuyo y el de Tu Madre?"

4.

María Es Madre de los Pecadores Arrepentidos

NUESTRA Bienaventurada Señora aseguró a Santa Brígida que ella era Madre no sólo de los justos e inocentes sino también de los pecadores que deseaban enmendarse.

* * *

Los que aspiran ser hijos de esta grande Madre deben dejar primero el pecado—y después pueden esperar que los recibe por hijos suyos. Los que han caído en pecado mortal no merecen ser hijos de una tal Madre.

María es humilde, y ellos son soberbios. María es pura, y ellos son profanados. María es llena de amor, y ellos aborrecen al prójimo. ¡Cómo pretenden llamarse hijos de María los que tanto la disgustan con su vida de pecadores!

Un pecador dijo un día a María: "Muestra que eres madre." Pero la Bienaventurada Virgen le contestó: "Muestra que eres hijo." Otro pecador invocó a nuestra Señora y la llamó Madre de misericordia. Pero María le dijo: "Ustedes pecadores me llaman Madre de misericordia cuando quieren mi ayuda; y después con sus pecados me hacen Madre de dolores."

Quien irrita a su madre es maldito por el Señor (Si 3:16). Dios maldice a los que afligen a esta dulce Madre con su mala vida—o más exactamente, con su obstinación.

* * *

Yo digo, con su *obstinación*; porque aun cuando los pecadores no hayan salido del pecado, pero se esfuerzan para hacerlo, y por eso buscan la ayuda de María, esta buena Madre no dejará de socorrerlos y hacerlos volver a la gracia de Dios.

Esto mismo oyó Santa Brígida un día de la boca de Cristo que, hablando con Su Madre, le dijo: "Tú ayudas al que se esfuerza por volver a Mí, y tus consuelos no carecen a nadie."

Por lo tanto, mientras pecadores permanecen obstinados, María *no puede* amarlos. Pero si se encuentran encadenados por alguna pasión que los hace esclavos del infierno, han de encomendarse a la Bienaventurada Virgen y rogarle con confianza y perseverancia que los saque del pecado.

Sin duda, esta buena Madre les tenderá su poderosa mano, les quitará las cadenas, y los conducirá a la salvación.

* * *

El Concilio de Trento condenó como herejía el decir que todas las oraciones y obras que se hacen en estado de pecado son ellas mismas pecados. San Bernardo dice que, aunque la oración en boca del pecador no es hermosa, porque no es elevada por la virtud de la caridad, no deja de ser útil y provechosa para salir del pecado.

Así también enseña Santo Tomás: "Aunque la oración del pecador no es meritoria, es muy apta para conseguir la gracia del perdón, pues la eficacia de la oración no depende de los méritos del que ruega, sino de la Bondad Divina y de las promesas de Jesucristo, Que dijo: *"Todo el que pide, recibe"* (Lc 11:10).

Lo mismo debe decirse de las oraciones que se dirigen a la Madre de Dios. "Si el que ruega no merece ser oído, los méritos de la Madre, a la que se encomienda, harán que lo sea con éxito."[10]

* * *

Supongamos que una madre (dice Adán, el Abad de Perseigne) supiese que dos de sus hijos se odian a muerte y que uno quiere quitarle la vida al otro. ¿Qué no haría para reconciliarlos por todos los medios? Toda buena madre lo estimaría su deber.

María actúa en modo parecido, pues ella es Madre de Jesús y Madre de los seres humanos. Cuando ve algún pecador enemigo de Jesús, no puede consentirlo—y hace todo lo posible para reconciliarlos.

* * *

Esta benignísima Señora sólo exige de los pecadores que se encomiendan a ella y que tengan intención de enmendarse. Cuando encuentra a sus pies a pecadores pidiéndole misericordia, no mira los pecados que cometieron, sino la intención con que se dirigen a ella. Si la intención es buena, aunque hayan cometido todos los pecados del mundo, esta amantísima Madre los abraza para curarles las llagas que tienen en su alma.

Ella no sólo es *llamada* Madre de misericordia, sino es verdaderamente Madre de misericordia. Y por tal se da a conocer con el amor y la ternura con que nos ayuda.

* * *

María, Madre de los pecadores que quieren convertirse, siente como propios los sufrimientos de sus infelices hijos. Cuando la Cananea suplicó a nuestro Señor que librara a su hija de la posesión diabólica, ella dijo: "*¡Señor, Hijo de David, ten misericordia de mí! Mi hija está gravemente atormentada por un demonio*" (Mt 15:22).

Ella dijo: "¡Ten misericordia de *mí*!" Se expresó así con toda razón, porque las madres sienten como propias las miserias de sus hijos. Asimismo, María clama por el alma pecadora, diciendo: "¡Ten misericordia de mí!"[11]

* * *

En el *Segundo Libro de Samuel* (14:6) se lee que una sabia mujer de Tecoa se dirigió al Rey David, diciendo: "Su Majestad, yo tenía dos hijos; y desgraciadamente, el uno mató al otro, de modo que ya he perdido uno; y ahora la justicia exige la vida del otro, él único que me resta. Ten piedad de esta pobre madre, y haz que yo no quede privada de ambos mis hijos."

Lo mismo parece decir María cuando ve a Dios indignado contra un pecador que se encomienda a ella.

"Dios mío, yo tenía dos hijos, Jesús y el Hombre. El Hombre mató a Jesús en la Cruz. Ahora Tu justicia quiere condenar al culpable. ¡Oh Señor! Mi Jesús ya murió. Ten piedad de mí. Si he perdido un hijo, no me haga perder también el otro."

Es seguro que Dios no condenará a aquellos pecadores que recurren a María y por quienes ella ruega. Pues, ¿no los ha confiado a María como hijos Dios Mismo?

Reina de los Angeles, ruega por nosotros.

Madre de Dios, ruega por nosotros.

* * *

"Postrémonos, pues," dice San Bernardo, "delante de esta buena Madre, pongámonos a sus pies, y no la dejemos, hasta que nos bendiga y nos acepte por hijos suyos."

* * *

CAPÍTULO 2

VIDA, DULZURA

1.
María Es Nuestra Vida: Ella Nos Obtiene el Perdón de los Pecados

COMO el alma da la vida al cuerpo, del mismo modo la divina gracia da vida al alma. Por tanto, obteniéndoles nuestra Señora a los pecadores la gracia por su intercesión, ella los devuelve a la vida.

Quien me halla, halla la vida y obtiene el favor del Señor (Pr 9:35). Todos los que desean el reino de Dios, honren a la Bienaventurada Virgen María y encontrarán la vida y la salvación eterna.[12]

San Bernardino de Siena dice que si Dios no destruyó a los seres humanos después del primer pecado fue por el amor especial que tenía a esta santa Virgen, quien había de nacer del género humano.

Y añade que él no duda que todas las misericordias que recibieron los pecadores en la antigua ley Dios se las otorgó sólo en consideración a esta Bienaventurada Señora.

* * *

En *El Cantar de los Cantares* (6:10) María es llamada la aurora: *¿Quién es ésta, que sube como la aurora?* La aurora es el fin de la noche y el comienzo del día; la Bienaventurada Virgen es la aurora del día porque ella es el fin de los vicios.[13]

Cuando un alma se entrega a su devoción, ésta produce el mismo efecto que produjo el nacimiento de nuestra Señora en el mundo: pone fin a la noche del pecado y hace caminar por la senda brillante de la virtud.

San Germán dijo en un sermón que pronunciar el nombre de María afectuosamente es signo de la vida en el alma, o es señal de que pronto renacerá a la vida.

* * *

No desconfíes (dice Bernardino de Bustos a todo pecador), aunque hayas cometido toda clase de pecados. Acude con absoluta confianza a esta Señora gloriosísima.

La encontrarás con las manos llenas de misericordia y bondad. Más desea ella hacerte el bien que tú deseas recibirlo de ella.

* * *

Ningún pecador debe temer jamás que sea rechazado por esta Señora compasiva—ella es la Madre de la misericordia y, como tal, desea salvar a los más miserables.

María es aquella arca que salva de la perdición eterna a los que se refugian en ella.[14] En el gran Diluvio, incluso los animales se salvaron en el arca de Noé. Al amparo de María se salvan también los pecadores.

Santa Gertrudis vio un día a María con el manto extendido en el que se refugiaban muchas fieras. Y vio que María no sólo las recibía, sino también las acogía y las acariciaba con gran ternura.

Vayamos a esta Arca; refugiémonos bajo el manto protector de María. Ciertamente, ella nos acogerá y nos obtendrá la salvación eterna.

2.
María Es Nuestra Vida: Ella Nos Consigue la Perseverancia

LA perseverancia final es un don tan grande y precioso que Dios (como declara el Concilio de Trento) lo da sólo gratuitamente. No podemos merecer este don.

Pero, como nos dice San Agustín, todos los que buscan la perseverancia la obtienen. Y según Suárez infaliblemente la consiguen siempre que procuren pedirla hasta el fin de su vida.

* * *

Lo tengo por cierto, según la opinión actualmente común, que todas las gracias que Dios da a los seres humanos pasan por las manos de María. También es verdad que sólo por medio de María podemos esperar y recibir esta gracia suprema—la perseverancia.

Ciertamente la obtendremos si la pedimos con confianza por medio de María. Ella misma, con las palabras de *Sirácides* (que tradicionalmente la Iglesia pone en su boca), promete esta gracia a todos los que la sirven fielmente en esta vida: *El que me obedece no quedará defraudado; el que me sirve no fallará* (24:22).

* * *

También con las palabras de *Sirácides* (24:14), la Bienaventurada Virgen es llamada plátano: *Me levanté como plátano junto al agua*. Explicando estas palabras, el Cardenal

Hugo dice que el plátano tiene las hojas anchas, semejantes a escudos, con lo que se da a entender la defensa que María toma de los que se refugian en ella.

¡Infelices las personas que se alejan de esta defensa, dejando de ser devotos de María y de encomendarse a ella en las tentaciones!

Si no hubiera sol, ¿qué sería el mundo sino un caos de tinieblas horribles? Si quitamos el sol, ¿dónde está el día? Si quitamos a María, ¿qué queda, salvo la noche más oscura?[15]

Si María ignora y condena a alguien, esta persona se pierde inevitablemente. ¡Ay a los que vuelvan la espalda a este Sol![16] ¡Ay de los que desprecian su luz—que pierden la devoción a María!

* * *

San Francisco de Borja dudaba de la perseverancia de aquellos en los que no encontraba una especial devoción a la Bienaventurada Virgen. Preguntando una vez a algunos novicios a qué Santos tenían más devoción, se dio cuenta de que varios de ellos no tenían devoción personal a María.

Inmediatamente, advirtió al maestro de novicios para que vigilara aquellos novicios.

Y como temía, aconteció que con el tiempo perdieron su vocación y se salieron de la vida religiosa.

* * *

Con razón, pues, San Germán llamaba a la Bienaventurada Virgen la respiración de los cristianos. "Como la respiración no sólo es señal de vida sino causa de ella, así el nombre de María en los labios de sus devotos no sólo es evidencia de la presencia de la vida sobrenatural, sino es la causa de ella y la conserva, y les proporciona a ellos fuerza para todo."

* * *

El Beato Alano, asaltado una vez por una fuerte tentación, estuvo a punto de perderse (por no haberse encomendado a María); pero se le apareció. Para que Alano estuviera más prevenido para otra ocasión, ella le dio una bofetada y le dijo: "Si te hubieras encomendado a mí, no te habrías encontrado en este peligro."

* * *

Cuando las personas escuchan su voz y están atento en venir a sus puertas (empleando las palabras del *Libro de los Proverbios*, las cuales la Iglesia aplica a ella), María está muy atenta para obtenerles la luz y las fuerzas necesarias para que salgan del vicio y anden por el camino de la virtud.

"La luna en la noche, la aurora al amanecer, y el sol en pleno día"—esto es cómo Inocencio III habla maravillosamente acerca de María.

* * *

Exhortando a sus penitentes, San Felipe Neri les decía: "Si desean ustedes perseverar, sean devotos de nuestra Bienaventurada Señora." San Juan Berchmans también decía: "El que ama a María conseguirá la perseverancia."

Considera esta hermosa reflexión escrita por el Abad Ruperto acerca de la parábola del Hijo Pródigo: "Si el hijo pródigo hubiera tenido viva su madre, o nunca habría huido de su casa, o habría vuelto antes de lo que lo hizo."

Si todos los seres humanos amasen a esta Señora tan benigna y amorosísima y en las tentaciones acudiesen siempre y pronto a su socorro, ¿quién jamás se perdería? Caen y se pierden las almas que no acuden a María.

* * *

Cuando subimos las tentaciones, dice Santo Tomás de Villanueva, debemos imitar los polluelos. Cuando ven el halcón, corren a recogerse bajo las alas de su madre. Cuando nos asaltan las tentaciones, nosotros debemos comportarnos del mismo modo. Sin detenernos, debemos correr a refugiarnos bajo el manto de María.

* * *

Había un hombre que cometió un pecado tan grave que no quiso confesarlo. No pudiendo sobrellevar el remordimiento de su conciencia, se fue al rio para arrojarse a él. En el último momento se detuvo y, llorando, rogó a Dios que le perdonara sin confesarse.

Una noche, mientras dormía, sintió que alguien le tocaba el hombro y oyó una voz que le decía: "Ve a confesarte." Se fue a la iglesia—pero avergonzándose tampoco se confesó.

Otra noche oyó la misma voz. Volvió a la iglesia; pero, habiendo llegado, primero quería morir que confesar aquel pecado. Antes de salir de la iglesia, quiso ir a la imagen de la Bienaventurada Virgen para encomendarse a ella. Apenas se había arrodillado, advirtió en sí mismo una gran mudanza.

De inmediato se levantó y buscó al confesor. Y por la gracia que había recibido de María, confesó todos sus pecados, llorando amargamente. Después dijo que había experimentado mayor alegría que si hubiese conseguido toda la riqueza del mundo.

* * *

Concluyamos con las palabras de San Bernardo: "Acuérdate que en este mundo vas navegando entre peligros y tempestades; no estás caminando sobre la tierra. Acuérdate que, si no quieres estar a la deriva en el mar, tienes que fijar los ojos en esta estrella brillante e invocar a María.

"En los peligros, en las angustias, en las dudas, piensa en María y llámala pronto. Siguiendo a María, nunca equivocarás el camino. Encomendandote a María, nunca desconfiarás.

"Si María te sostiene, nunca caerás. Si ella te protege, no temas nada, pues no puedes perderte. Si ella te guía, nunca te cansarás, porque te salvarás sin dificultad. Si ella es clemente, infaliblemente llegarás a los cielos."

En fin, si María toma a su cargo el defendernos, ciertamente llegaremos al Reino de los cielos.

3.
María Es Nuestra Vida: Ella Endulza la Muerte

EN *todo tiempo ama el verdadero amigo, y el hermano nace para ayudarte en el tiempo de angustia* (Pr 17:17). No podemos conocer nuestros verdaderos amigos y parientes cuando todo nos va bien. Se conocen sólo cuando estamos en dificultades.

Los hombres del mundo no abandonan a los amigos cuando éstos gozan de prosperidad. Pero si estos amigos caen en cualquier desgracia, y sobre todo si sobreviene la muerte, los desamparan.

No se comporta así María con sus devotos. En todas nuestras angustias, y especialmente en la muerte, que es la mayor angustia que hay en la tierra, esta buena Señora y Madre es nuestra vida y nuestra dulzura—nuestra vida durante nuestro destierro, nuestra dulzura en la última hora, obteniéndonos una dulce y dichosa muerte.

Porque en aquel día en que María tuvo la suerte y el dolor de asistir a la muerte de su Hijo Jesús, Que es la cabeza de los elegidos de Dios, adquirió el privilegio adicional de asistir a la muerte de todos los elegidos. Por eso, en el *Avemaría* la Iglesia nos hace rogar a nuestra Señora que nos socorra, y especialmente en la hora de nuestra muerte.

* * *

Muy grandes son las angustias de los moribundos. Tienen remordimientos de los pecados cometidos. Tienen miedo del juicio que se aproxima, y no tienen certidumbre de la salvación eterna.

Entonces se arma el infierno y emplea todas sus fuerzas para apoderarse del alma que se acerca a las puertas de la eternidad. Los demonios saben que les quedan poco tiempo para arrebatar el alma, y si no la consiguen ahora, la han perdido para siempre.

* * *

Pero ¡cómo huyen los demonios ante la presencia de esta Reina! Si en la hora de la muerte tenemos nuestra Señora para protegernos, ¿qué podemos temer de los ángeles rebeldes del infierno?

* * *

Encontrándose el Padre Manuel Padial, S.J., en la hora de la muerte, se le apareció María para animarlo. Ella le dijo: "Por fin ha llegado la hora en que los ángeles te felicitan, exclamando: '¡Oh felices padecimientos! ¡Oh mortificaciones bien recompensadas!'" Entonces se vio un ejército de demonios que huían desesperados y gritando: "Nada podemos contra él—¡la Inmaculada lo defiende!"

De modo semejante, el Padre Gasper Haywood fue asaltado en la hora de la muerte por los demonios y experimentó una fuerte tentación contra la fe. Pero inmediatamente se encomendó a la Bienaventurada Virgen, y se le oyó exclamar: "Te doy gracias, Madre, porque has venido en mi ayuda."

* * *

Esto es conforme a lo que dijo la Bienaventurada Virgen a Santa Brígida. Hablando de sus devotos cuando se encuentran en la hora de la muerte, ella dijo: "Entonces yo, su querida Madre y Señora, vendré a ellos para darles consuelo y refrigerio." Como una amorosa Reina, los cubre con su manto y los presente al Juez. Y así ciertamente ella les obtiene la salvación.

* * *

Precisamente así le aconteció a Carlos, el hijo de Santa Brígida, el cual murió en el ejercicio de las armas y lejos de su madre.

Ella temía por su eterna salvación a causa de los riesgos que normalmente forman parte de la vida militar.

Sin embargo, nuestra Señora le reveló a ella que su hijo se había salvado por el amor que ella (María) le había tenido. Ella misma lo había ayudado en la muerta y le había sugerido los actos que se deben hacer en el momento crítico. Entonces vio San Brígida a Jesús sentado en Su trono y al demonio presentando dos acusaciones contra la Bienaventurada Virgen.

La primera acusación consistía en que María le había impedido tentar a Carlos en la hora de su muerta. La segunda acusación era que, sin dar ninguna prueba o explicación porqué ella lo presentaba como suyo, ella misma había presentado a Carlos en el juicio y por consiguiente lo había salvado.

Santa Brígida entonces vio a Jesús que lanzaba de su presencia al demonio; y vio también el alma de Carlos que fue llevada al cielo.

* * *

Santa María Ogniens vio a la santísima Virgen a la cabecera de la cama de una devota viuda de Williambrock, la cual sufría alta fiebre. María estaba a su lado, consolándola y refrescándola con un abanico.[17]

* * *

Sirácides dice acerca de María que *sus cadenas te serán protección poderosa* y que *al final tendrás descanso en ella* (Si 6:30, 29).

¡Oh hermano mío! ¡Oh hermana mía! ¡Cuán dichoso serás si la muerte te encuentra atado con las dulces cadenas del amor de la Madre de Dios! Éstas son cadenas de salvación que te harán gozar en la muerte aquella dichosa paz que será principio de tu paz eterna.

El Padre Suárez, por haber sido muy devoto de María, decía que con gusto hubiera dado toda su ciencia por el mérito de una Avemaría. A consecuencia de esta devoción, murió con tanta paz que exclamó: "Nunca sabía que la muerte pudiese ser tan dulce."

* * *

Devoto lector, experimentarás tú también el mismo gozo en la muerte si en aquella hora te acuerdas de haber amado a esta Madre amorosa. Ella no sabe dejar de ser fiel con sus hijos que han sido fieles en servirla y obsequiarla con visitas, rosarios, y fiestas, y especialmente en darle gracias con frecuencia y alabándola y encomendándose a su poderosa protección.

María no te negará su consuelo en la hora de la muerte, aunque hayas sido pecador por un tiempo, si de hoy en adelante procuras vivir bien y servir a esta Señora amabilísima y benignísima. En tus angustias y en las tentaciones con que el demonio te asaltará para hacerte desesperar, ella vendrá y te dará fortaleza.

* * *

Por eso, animémonos, aunque seamos pecadores. Tengamos confianza en que María vendrá y nos ayudará en la muerte, si la servimos con amor en lo que nos queda de esta vida.

CAPÍTULO 3

Y ESPERANZA NUESTRA

1.
María Es la Esperanza de Todos

LOS que no son miembros de la Iglesia no pueden soportar que llamemos a María nuestra esperanza. Dicen que sólo Dios es nuestra esperanza y que Él maldice a los que ponen su confianza en las criaturas, según las palabras del profeta Jeremías: *Maldito el hombre que en el hombre confía* (Jr 17:5).

María, dicen ellos, es una criatura; y ¿cómo puede ser una criatura nuestra esperanza? Sin embargo, la santa Iglesia quiere que todos los sacerdotes y religiosos alcen la voz cada día de parte de todos los fieles y llamen a María con este dulce nombre: "Esperanza Nuestra"—esperanza de todos.

* * *

Santo Tomás dice que de dos maneras podemos poner nuestra esperanza en una persona—como causa principal y como causa intermedia. Los que esperan recibir algo del rey ponen su confianza en él como señor, y en su ministro o su favorito como intercesor.

Si se concede la gracia, en realidad viene del rey, pero el favorito es el intermediario. Por eso, los que pidieron la gracia llaman con razón su "esperanza" al ministro o al favorito por medio del que la recibieron.

El Rey del Cielo, porque es bondad infinita, desea sumamente enriquecernos con Sus gracias. Pero como de nuestra parte es necesaria la confianza, para *acrecentarla* nos ha dado a Su misma Madre por madre y abogada *nuestra*, a quien ha concedido todo el poder para ayudarnos. Por eso quiere que en ella pongamos la esperanza de nuestra salvación y de todas las bendiciones.

Los que ponen su confianza sólo en las criaturas, sin dependencia de Dios, como lo hacen los pecadores, y no les importa disgustar a la Divina Majestad para conseguir la amistad y el favor de los hombres, ciertamente que son malditos de Dios, según dice Jeremías.

Pero los que confían en María, que (siendo la Madre de Dios) puede obtenerles gracia y la vida eterna, son verdaderamente benditos y complacen al corazón de Dios. Ciertamente Él quiere ver honrada aquella gran criatura, ya que ella Lo ha querido y honrado en este mundo más que todos los seres humanos y los ángeles juntos.

* * *

Por tanto, justamente llamamos a la Bienaventurada Virgen nuestra esperanza. Confiamos, como dice San Roberto Belarmino, obtener por su intercesión las gracias que no conseguiríamos por nuestras solas plegarias.

Nosotros le rogamos para que la dignidad de la intercesora supla nuestra falta de mérito. Y entonces, el suplicar a María en tal espíritu no es desconfiar de la misericordia de Dios, sino temer nuestro poco mérito.[18]

"¡Dios te salve, oh esperanza de mi alma!" exclama San Efrén, "¡Dios te salve, oh salvación segura de los cristianos! ¡Dios te salve, auxilio de los pecadores! ¡Dios te salve, defensa de los fieles y salud del mundo!"

* * *

Reflexionando San Efrén sobre la orden de la providencia por la que Dios ha dispuesto que todos los que sé salvan han de salvarse por medio de María, le dice: "Oh Señora, no dejes de custodiarnos y ponernos bajo el manto de tu protección, ya que después de Dios no tenemos otra esperanza que tú."

Santo Tomás de Villanueva la llama nuestro único refugio, auxilio, y asilo.

San Bernardo señala la razón, diciendo: "Mira los designios de Dios—los planes de Dios para poder dispensarnos Su misericordia con más abundancia. Pues, queriendo redimir a todo el género humano, puso todo el valor de la redención en las manos de María, para que ella lo dispense a su voluntad."

* * *

Por eso, no ha de sorprendernos que San Antonino aplica a María este versículo del *Libro de la Sabiduría* (7, 11): "Todos los bienes juntos me vinieron con ella; y en sus manos había incalculable riqueza." Y San Buenaventura escribe: "Debemos tener los ojos puestos en las manos de María para recibir de medio de ellas las gracias que deseamos."

* * *

Hablando así al mundo, nuestro Señor dice: "Pobres hijos de Adán, que viven en medio de tantos enemigos y de tantas miserias, traten de venerar con particular afecto a Mi Madre. Ella es también su Madre.

"Yo la he dado al mundo como modelo, para que de ella aprendan a vivir como se debe, y como refugio en todas las pruebas y aflicciones. Tal he hecho a esta Hija Mía que nadie puede temer o sentir repugnancia en recurrir a ella.

"Le he dado una naturaleza tan benigna y piadosa que no sabe despreciar a ninguno de los que acudan a ella; no sabe negar su favor a ninguno que se lo pida. El manto de su misericordia está abierto para todos, y no permite que nadie se vaya desconsolado de sus pies."[19]

¡Sea bendita y alabada la bondad inmensa de Dios, porque nos ha dado a esta Madre y abogada tan fuerte, tierna, y amable!

* * *

¡Cuán tiernos son los sentimientos de confianza que expresó el enamorado San Buenaventura hacia nuestro amadísimo Redentor Jesús y hacia nuestra amantísima abogada María!

"Sea cual sea mi destino, yo sé que Dios no puede violar Su naturaleza y no se niega a los que Lo aman y Lo buscan de corazón. Por eso, yo Lo abrazaré con mi amor; y si no me bendice, yo seguiré abrazándolo tan apasionadamente que Él no podrá apartarse de mí.

"Me esconderé dentro de Sus llagas; a fin de que, si Él me busca, ha de hallarme dentro de Sí. Yo me arrojaré a los pies de María para que ella me consiga el perdón.

"Porque María no sabe dejar de compadecerse. Nunca ha aprendido a rechazar a los desconsolados. Y por eso, si no por justicia u obligación, al menos por compasión, inducirá a su Hijo que me perdone."

2.
María Es la Esperanza de los Pecadores

DIOS *hizo las dos grandes luminarias: la luminaria mayor para gobernar el día, y la luminaria menor para gobernar la noche* (Gn 1:16). Cristo es la luminaria mayor para dominio de los justos, y María es la luminaria menor para dominio de los pecadores.[20]

Siendo María esta luminaria propicia a los infelices pecadores, ¿qué deberían hacer los que se encuentran en la oscuridad del pecado? Miren a la luna. Rueguen a María.[21]

* * *

Uno de los títulos de nuestra Señora que nos anima más de los demás—y que en la Letanía de Loreto la Iglesia nos enseña a utilizar—es el título de "Refugio de los pecadores."

Antiguamente había en Judea ciudades de refugio donde los criminales se acogían para quedar libres de castigos. Hoy en día, no hay tales ciudades. Sólo hay una, que es María, de la que el Salmista canta: "*Gloriosas cosas se dicen de ti, oh cuidad de Dios*" (Sal 87:3).

Sin embargo, hay una diferencia. En las ciudades antiguas no había refugio para toda clase de delitos. Pero bajo el manto de María encuentran amparo todos los pecadores por cualquier delito que hayan cometido, basta con que se refugien a ella.

* * *

Podemos decir con San Basilio que Dios nos ha dado a María como un hospital público, donde pueden ser acogidos los enfermos, los pobres, y los desamparados. Ahora bien, en los hospitales hechos precisamente para recibir a los pobres, ¿quiénes tienen mayor derecho a ser acogidos? Ciertamente los más enfermos.

* * *

Digamos, por eso, con Santo Tomás de Villanueva, "Oh María, nosotros pobres pecadores no sabemos otro refugio fuera de ti. ¡Tú eres nuestra única patrona, y todos ponemos nuestros ojos en ti!"

* * *

En las revelaciones de Santa Brígida, María es llamada "el astro que precede al sol." Cuando empieza a verse en un alma pecadora devoción a María, es señal cierta de que dentro de poco Dios la enriquecerá con Su gracia.

* * *

El glorioso San Buenaventura, para reavivar la confianza de los pecadores en la protección de nuestra Señora, les representa un mar tempestuoso en que los pecadores han caído de la nave de la gracia de Dios, arrojados por los remordimientos de la conciencia y de los temores de la justicia de

Dios. No tienen ni luz ni guía, y están a punto de desesperarse.

Entonces nuestro Señor, señalándoles a María, la Estrella del Mar, levanta Su voz y les dice: "Pobres pecadores perdidos, no se desesperen. Levanten los ojos a esta hermosa estrella. Vuelven a respirar con confianza, porque esta Estrella salvará a ustedes de la tempestad y conducirá a ustedes al puerto de salvación."

* * *

En otra obra, el mismo Santo reflexiona sobre el texto de Isaías que en su tiempo se lamentaba y decía al Señor: "*He aquí que estás enojado, y hemos pecado; nadie hay que se levante y se aferre a Ti*" (Is 64:5, 7).

Y observa: "Es verdad, Señor, que en aquellos días no había nadie que pudiera levantar a los pecadores y contener Tu enojo, porque no había todavía nacido María.... Pero ahora, ella detiene su Divino Hijo, para que no destruya a los pecadores....

"¡Nadie puede ser más a propósito para detener con su mano la espada de la venganza de Dios, Amadísima de Dios!"

* * *

La Bienaventurada Virgen misma reveló a Santa Brígida que no hay pecador en el mundo tan lejos de Dios que si recurre a ella e invoca su ayuda no vuelva a Él y recupere la gracia.

Un día Santa Brígida oyó a Jesús que decía a Su Madre: "Serías capaz de ofrecer misericordia al mismo Lucifer si él se humillase a pedírtela a ti." Aquel espíritu soberbio jamás se humillará tanto. Pero si esto fuera posible, María se compadecería inmediatamente, y sus plegarias tendrían el poder de obtenerle de Dios el perdón y la salvación.

* * *

En las Sagradas Escrituras leemos que Booz permitió a Ruth que recogiese las espigas dejadas por los segadores (Rut 2:8). María, como Ruth, habiendo hallado gracia a los ojos de su Señor, puede recoger las espigas tras los segadores—es decir, detrás de los obreros evangélicos, los misioneros, los predicadores, y los confesores, que siempre recogen almas para Dios.

Pero hay algunas almas endurecidas y rebeldes que quedan abandonadas por estos. Solamente María tiene el privilegio de salvarlas con su poderosa intercesión.[22]

* * *

Con razón, por tanto, mi Reina dulcísima, te saludó San Juan Damasceno, llamándote "esperanza de los desesperados." San Lorenzo Justiniano te llamó "esperanza de los malhechores," y San Efrén te llamó "puerto seguro de los que naufragan."

San Bernardo, lleno de gozo y de ternura, exclamó: "Oh Señora, ¿quién no confiará en ti si socorres incluso a los desesperados? Yo no tengo la menor duda que siempre que acudamos a ti obtendremos lo que queremos. ¡Espere en ti el que desespera!"

* * *

¡Señora, tú robas los corazones! Roba también mi pobre corazón que desea amarte mucho.

Madre, con tu belleza has enamorado a Dios Mismo, y Lo has atraído del cielo a tu seno casto.

¿Acaso podré vivir sin amarte?

Con uno de tus amantísimos hijos, San Juan Berchmans, yo diré: "No descansaré jamás hasta estar cierto de haber conseguido tu amor, un amor constante y tierno hacia ti, Madre mía."

Oh María ¿qué sería de mí si tú no me hubieras amado y obtenido tantas misericordias? Ya que tú me has amado tanto cuando yo no te amaba, puedo esperar más de tu bondad ahora que te amo.

Te amo, Madre mía. Y quisiera tener un gran corazón que te amara por todos aquellos infelices que no te aman. Quisiera una lengua que valiera mil lenguas para alabarte, a fin de dar a conocer a todo el mundo tu grandeza, tu santidad, tu misericordia, y el amor con que amas a los que te aman.

Si tuviera riquezas, quisiera utilizarlas en tu honor. Si tuviera súbditos, a todos los haría tus amantes. Quisiera, en fin, si fuera preciso, dar hasta la vida por tu gloria.

Te amo, pues, Madre mía. Pero al mismo tiempo desconfío de mi amor: oigo decir que el amor hace al amante semejante al amado. Y si me veo tan diferente de ti, es señal de que no te amo verdaderamente.

¡Tú tan pura; y yo tan ennegrecido por el pecado! ¡Tú tan humilde y yo tan soberbio! ¡Tú tan santa y yo tan pecador! Pero esto tú lo puedes remediar, oh María. Ya que me amas, hazme semejante a ti.

Tú eres poderosa para cambiar corazones; toma el mío y transfórmalo. Muestra al mundo lo que puedes hacer a favor de los que te aman. Hazme santo; hazme un hijo digno de su Madre. Así lo espero, así sea.

MP
ΘV
IC XC

CAPÍTULO 4

A TI LLAMAMOS LOS DESTERRADOS HIJOS DE EVA

1.
Cuán Rápidamente María Ayuda a Todos los que la Invocan

SOMOS los pobres hijos de Eva. Habiendo heredado su culpa y habiendo sido condenados a la misma pena, tenemos que andar por este valle de lágrimas, desterrados de nuestra patria, llorando afligidos por tantos dolores del cuerpo y del alma.

Pero, bienaventurados los que, entre tantas miserias, se vuelven con frecuencia a la consoladora del mundo, al refugio de los miserables, a la gran Madre de Dios, invocándola devotamente.

* * *

La Iglesia enseña a sus hijos con cuánta atención y confianza deben rogar a esta amorosa protectora. A propósito, la Iglesia manda que ellos la honren con culto muy especial.

Ella ha establecido muchas fiestas de nuestra Señora, y consagra un día a la semana especialmente en su honor. Ella aconseja que cada día en el Oficio Divino todos los sacerdotes y todos los religiosos la invoquen de parte de todo el pueblo cristiano, y ella recomienda que todos los fieles la supliquen tres veces al día al toque del Ángelus.

¡Qué confianza la Iglesia pone en María! En todas las calamidades públicas, la Iglesia les pide a los fieles que se procuren la protección de María con novenas, oraciones, procesiones, y visitas a sus santuarios e imágenes.

Nuestra Señora misma desea esto. Ella pretende de nosotros que siempre la busquemos e invoquemos su ayuda. Ella no mendiga de nosotros estos obsequios y honores, que son muy escasos para su mérito. Los desea para que, acrecentándose así nuestra confianza y devoción, ella pueda socorrernos y consolarnos mejor.

* * *

San Buenaventura dice que Ruth, el nombre de la que significa "viendo y apresurando," fue figura de María; "porque María, viendo nuestras miserias, se apresura a socorrernos con su misericordia."

Novarino añade que "María, deseando intensamente ayudarnos, no sabe detenerse, ya que no es tacaña con las gracias, sino es una Madre de misericordia, y derrama instantáneamente sobre sus siervos los tesoros de su generosidad."

Ricardo de San Lorenzo nos asegura que María derrama su misericordia sobre cualquiera se la pide, aun cuando no rece más que una simple *Avemaría*.

* * *

¡Qué rápidamente esta buena Madre ayuda a todos los que la invocan! Ella no sólo corre, sino vuela para ayudarnos.[23] Dios usa las alas para socorrer a los suyos; María también tiene alas. La suyas son alas de águila; ella vuela por el amor de Dios.[24]

Con velocidad superando la de los serafines, ella va a todas partes para socorrer a sus hijos.[25] Cuando María fue a la región montañosa a visitar a Isabel, trayendo consigo la gracia, se marchó *de prisa* (Lc 1:39).

Acordémonos lo que dice San Bernardino de Bustos: "Ella desea más darnos gracias que nosotros recibirlas."

* * *

Ni la multitud de nuestros pecados debe disminuir nuestra confianza. Ella es la Madre de misericordia. Pero no habría misericordia si nadie la necesitase. Como ninguna madre buena siente repugnancia de curar a sus hijos que tienen la piel infectada, aunque la cura sea molesta y nauseabunda, así nuestra buena Madre no nos abandona cuando recurrimos a ella, aunque sean grandes las llagas de nuestros pecados que ha de curarnos.[26]

Es tan grande la piedad de esta buena Madre, y tan disponible su amor, que no espera, sino se adelante a nuestras súplicas. *Se adelanta en manifestarse a los que la desean* (Sb 6:13).

Su corazón está tan lleno de piedad para con los pecadores que, apenas conoce nuestras miserias, al instante derrama su misericordia en abundancia sobre nosotros.[27]

* * *

Si alguien dudase de ser socorrido por María cuando recurre a ella, Inocencio III le ofrece este recuerdo animador: "¿Quién jamás la invocó y no fue por ella escuchado?"

* * *

Si se acordara alguien de que, habiéndote invocado en sus necesidades, no había sido socorrido por ti, oh Bienaventurada Virgen, ¡no se hable más de tu misericordia![28]

Antes acontecerá que el cielo y la tierra se destruyan, que deje María de auxiliar al que recurre a ella con buena intención para pedirle su ayuda.[29]

* * *

San Anselmo, para acrecentar nuestra confianza, dice esto: "Cuando recurrimos a la Madre de Dios, somos más pronto oídos que cuando invocamos directamente el nombre de Jesús, ya que su Hijo no es sólo nuestro Señor, sino también nuestro Juez. Pero cuando invocamos el nombre de Su Madre, aunque nuestros méritos no nos garantizan una respuesta, los méritos de María interceden en nuestro favor y recibimos una respuesta.

Esto no significa que María es más poderosa que su Hijo para salvarnos. Sabemos que Jesús es el único salvador, y que Él, sólo por sus méritos, consigue y conseguirá nuestra salvación.

Sin embargo, recurriendo a Jesús y considerándolo también como nuestro Juez, a Quien pertenece el castigo de las almas ingratas, nos puede faltar la confianza necesaria para ser oídos.

Pero, recurriendo a María, su único oficio es de compadecerse como Madre de misericordia y de defendernos como nuestra abogada. Por eso, nuestra confianza se estimula más fácilmente y es más grande que la confianza que tenemos cuando recurrimos directamente a Jesús.

* * *

Muchas cosas se piden a Dios y no se logran; muchas cosas se piden a María y se consiguen, no porque ella es más poderosa que Dios, sino porque Dios ha decretado que así se honrase a ella.[30]

Una vez Santa Brígida oyó Jesús haciendo una promesa dulce y consoladora: "Ninguna solicitud tuya será negada." Él dijo a Su Madre. "Pídeme lo que quieras; nada te negaré.

"Y acuérdate—yo prometo mi gracia a todos los que me la pidan en tu nombre, aunque sean pecadores, si decidan enmendarse."

* * *

"Acuérdate, oh santísima Virgen María, que jamás se ha oído decir que ninguno de los que han acudido a tu protección, haya sido abandonado de ti." Por eso perdóname, oh Maria, si te digo que no quiero ser el primer desgraciado que recurriendo a ti se encuentre abandonado.

2.
El Poder de María Es Grande en el Tiempo de la Tentación

LA Bienaventurada Virgen María no sólo es Reina del cielo y de todos los Santos, sino también del infierno y de todos los espíritus malos por haberlos derrotado gloriosamente con sus virtudes.

Ya desde el principio, Dios predijo la victoria y el imperio que nuestra Reina lograría sobre la serpiente infernal: *Pondré hostilidad entre ti y la mujer...; ella te quebrantará la cabeza* (Gn 3:15).

* * *

¿Y quién fue esta mujer—esta enemiga de la serpiente, sino María, que con su bella humildad y vida santa abatió la fuerza de la serpiente? San Cipriano dice que en aquella mujer fue prometida la Madre de nuestro Señor Jesucristo.

Dios no dijo *pongo*, sino *pondré*, para significar que la adversaria de la serpiente no era Eva, que vivía entonces, sino otra mujer, descendiente suya, que había de proporcionar a nuestros primeros padres bienes mayores (dice San Vicente Ferrer) que los bienes que habían perdido por su pecado.

Ella te quebrantará la cabeza: Algunos cuestionan si estas palabras se refieren a María o a Jesús ya que los Setenta traducen: *Él* quebrantará tu cabeza. Pero en la Vulgata, que es la única traducción aprobada por el Concilio de Trento, se lee *Ella*.

Así lo entendieron también San Ambrosio, San Jerónimo, San Agustín, y muchos otros. En cualquier caso, el Hijo por medio de la Madre o la Madre por virtud del Hijo han vencido a Lucifer.

* * *

Como palmera me he elevado en Engadí (Si 24:14) .... para defender, como añade San Alberto Magno. El recurrir a María es un medio segurísimo para vencer todas las asechanzas del infierno, porque ella es también Reina del infierno y de todos los demonios, a quienes domeña y abate.[31]

Por eso, en el *Cantar de los Canteres*, se llama a María *imponente como ejércitos en orden de batalla* (6:3). Sabe disponer bien su poder, su misericordia, y sus plegarias para confundir a sus enemigos y defender a sus siervos.

* * *

En Judea, se obtenían las victorias por medio del Arca. Así vencía Moisés a sus enemigos; así también fue conquistada Jericó, y así los Filisteos fueron derrotados. Ya se sabe que el Arca es figura de María.

Cornelio a Lapide dice: "En situaciones peligrosas, los cristianos deberían recurrir a la Bienaventurada Virgen que llevaba a Cristo en su vientre, como el Arca había llevado el maná, y que Lo dio a luz como nuestro alimento de salvación."

Cuando María, Arca del Nuevo Testamento, fue elevada a ser Reina del Cielo, el poder del infierno sobre los seres humanos quedó debilitado y abatido.[32]

* * *

Fue revelado a Santa Brígida que Dios hizo a María tan poderosa sobre los demonios, que cuantas veces asaltan a alguien que pide su ayuda, ella los aterroriza con una mirada suya, y huyen inmediatamente. Prefieren que se multipliquen sus tormentos en el infierno antes que verse dominados por el poder de María.

* * *

San Juan Damasceno decía: "Si sigo esperando en ti, oh Madre de Dios, me salvaré. Perseguiré y venceré a mis enemigos, teniendo por escudo tu protección y tu ayuda todopoderosa."

* * *

Un joven cargado de vicios fue a confesarse en Roma. El confesor lo acogió con caridad; y, compadeciéndose de él, le dijo que la devoción a nuestra Señora podía librarlo de aquellos vicios vergonzosos.

Por consiguiente, le impuso por penitencia que, hasta la próxima confesión, cada mañana y cada noche, al levantarse y al acostarse, rezara una *Avemaría* a la Bienaventurada Virgen; también le impuso que simultáneamente le ofreciera a la Virgen sus ojos, sus manos, y todo su cuerpo, pidiéndole que los custodiara como suyos; además, lo impuso que besara tres veces el suelo.

El joven practicó la penitencia, y al principio con poca enmienda. Sin embargo, su confesor insistió en que continuara practicando esta costumbre piadosa, inculcándole que nunca la dejara y animándole a confiar en el poder de María. En aquel tiempo, el joven partió de Roma con algunos compañeros a recorrer el mundo durante varios años.

* * *

Vuelto a Roma, fue en busca de su confesor, quien con gran júbilo y asombro lo encontró cambiado, enteramente libre de sus vicios antiguos. Le dijo, "¿Cómo obtuviste de Dios tan maravilloso cambio?"

El joven contestó, "Nuestra Señora me consiguió la gracia con aquella devoción que me enseñaste."

* * *

No acaban aquí las gracias. El sacerdote refirió el suceso en el púlpito. Un capitán del ejército, el cual desde muchos años cometía pecado con una mujer, oyó el sermón y se propuso practicar la misma devoción.

Decidió librarse de las cadenas que lo tenían esclavo del demonio (porque es necesario a todos los pecadores tener el propósito de enmienda para que la Bienaventurada

Virgen los ayude), y él también dejó su mala costumbre y mudó de vida.

* * *

Pero hay más. Después de seis meses, presumiendo el capitán de sus propias fuerzas y así equivocándose, se dirigió en busca de la mujer para ver si ella también había cambiado de vida.

Pero al acercarse a la puerta de la casa, donde corría peligro de volver a pecar, una fuerza invisible lo empujó hacia atrás y se encontró distante de la casa todo lo largo de la calle y delante de su propia casa. Estaba seguro de que nuestra Señora había hecho esto y lo había salvado de la perdición.

Con esto se ve cuán solícita es nuestra buena Madre, no sólo en sacarnos del pecado si le pedimos la salvación, sino también en librarnos del peligro de nuevas caídas.

* * *

Dios guiaba a Su pueblo elegido de Egipto a la Tierra prometida, de día con *una columna de nube*, de noche con *una columna de fuego* (Ex 13:21).

En esta estupenda columna estuvo figurada María y sus dos oficios que ejercita para nuestro bien: como nube, nos protege del ardor del sol de Justicia; y como fuego, nos protege del diablo.[33] Como la cera se derrite ante el fuego, así los demonios pierden sus fuerzas ante los que se acuerdan del nombre de nuestra Señora, la invocan con devoción, y tratan fervorosamente de imitarla.[34]

¡Muy glorioso y admirable es tu nombre, oh María (exclama San Buenaventura), y los que lo invocan en la hora de la muerte no temen a todas las fuerzas del infierno!

Nuestra Bienaventurada Señora reveló a Santa Brígida que el diablo huye hasta de los pecadores más perdidos—de los más alejados de Dios y los completamente poseídos del diablo, si es que invocan el poderosísimo nombre de ella con verdadera voluntad de enmendarse. Nuestra Bienaventurada Señora añadió que, si ellos no se enmiendan y no arrojan de sí el pecado con la contrición, los demonios vuelven y siguen poseyéndolos.

CAPÍTULO 5

A TI SUSPIRAMOS, GIMIENDO Y LLORANDO EN ESTE VALLE DE LÁGRIMAS

1.
La Necesidad que Tenemos de la Intercesión de María para Salvarnos

ES un Artículo de la Fe que no sólo es lícito sino también útil el invocar a los Santos, y especialmente a la Reina de los Santos, para que nos obtengan la gracia. Esta doctrina fue establecida por los Concilios Generales contra los herejes que dijeron que era cosa injuriosa a Jesucristo, nuestro único Mediador.

Además, Jeremías rogó después de su muerte por Jerusalén, los ancianos del *Libro de Apocalipsis* presentaron a Dios las oraciones de los Santos, San Pedro prometió a sus discípulos acordarse de ellos después de su muerte. Y San Esteban rogó por sus perseguidores, y San Pablo por sus compañeros.

Por eso, si los Santos mismos ruegan por nosotros, ¿por qué no podemos *implorarles* para que rueguen por nosotros?

De hecho, San Pablo se encomendó a las oraciones de sus discípulos, y Santiago nos exhorta a que los unos rueguen por los otros.

* * *

Nadie niega que Jesucristo es el único Mediador de justicia. Con Sus méritos ha obtenido nuestra reconciliación con Dios.

Por otra parte, es una impiedad negar que Dios Se complazca en conceder las gracias por la intercesión de Sus Santos—y especialmente de María, Su Madre, a quien Jesús tanto desea ver amada y honrada por todos.

¿Quién pretende que el honor otorgado a una madre no redunda en honor de su hijo? Por eso, San Bernardo dice, "No oscurece la gloria del Hijo el que alaba a la Madre, porque cuanto más la Madre es honrada, tanto más es glorificado su Hijo."

Por los méritos de Jesucristo, María fue hecha la mediadora de nuestra salvación; no mediadora de justicia, sino de gracia y de intercesión—como San Buenaventura la llama expresamente: "María, la fidelísima mediadora de nuestra salvación."

EL SANTO ROSARIO

Oración para antes del Rosario

REINA del Santísimo Rosario, te complaciste en aparecer a Fátima para revelar a los tres niños el tesoro de la gracia escondido en el Santo Rosario. Inspira mi corazón con un ardiente amor a esta devoción, para que meditando en los Misterios de nuestra Redención recordados en el, yo sea colmado con sus frutos y obtenga paz para el mundo y la conversión de todos los pecadores y de Rusia. *(Menciona aquí tu intención.)* Yo deseo esto para la mayor gloria de Dios, para tu honra, para el bienestar de las almas, especialmente la mía. Amen.

Los Cinco Misterios Gozosos

Se rezan los Lunes y los Sabados [excepto durante la Cuaresma], y los Domingos de Adviento hasta la Cuaresma.

1. La Anunciación
Por el amor a la humildad.

2. La Visitación
Por la caridad para mi prójimo.

3. La Natividad
Por el espíritu de la pobreza.

4. La Presentación en el Templo
Por la virtud de la obediencia.

5. El Niño Hallado en el Templo
Por la virtud de la piedad.

Los Cinco Misterios Luminosos

Se rezan los Jueves [excepto durante la Cuaresma].

3. Proclamación del Reino de Dios
Por el perdón de nuestros pecados.

1. El Bautismo de Jesús
Para vivir nuestras promesas bautismales.

4. La Transfiguración
Para ser una Nueva Persona en Cristo.

2. La Autorrevelación de Jesús en Caná
Para hacer lo que Jesús diga.

5. Institución de la Eucharistía
Por una actuosa participación en la Misa.

Los Cinco Misterios Dolorosos

Se rezan los Martes y los Viernes, y cada diá durante la Cuaresma.

1. La Agonía en el Huerto
Por la contrición sincera.

2. Los Azotes en la Columna
Por la virtud de la pureza.

3. La Coronación de Espinas
Por desprecio del mundo.

4. La Cruz a Cuestas
Por la virtud de la paciencia.

5. La Crucifixión
Por la perseverancia final.

Los Cinco Misterios Gloriosos

Se rezan los Miércoles [excepto durante la Cuaresma], y los Domingos desde Pascua de Resurrección hasta el Adviento.

1. La Resurrección
Por la virtud de la fe.

2. La Ascensión
Por la virtud de la esperanza.

3. La Venida del Espíritu Santo
Por amor a Dios.

4. La Asunción
Por devoción a María.

5. La Coronación de Nuestra Señora
Por la felicidad eterna.

ORACION DESPUES DEL ROSARIO

OH Dios, cuyo Hijo Unigénito con Su Vida, Muerte y Resurrección obtuvo para nosotros la recompensa de vida eterna; concédenos, te rogamos, que meditando sobre estos misterios del Santísimo Rosario de la Bendita Virgen María, podamos imitar lo que ellos contienen y obtener lo que prometen, por el mismo Cristo nuestro Señor. Amén.

LOS NUEVOS MISTERIOS LUMINOSOS

LOS nuevos Misterios (llamados Misterios de Luz o Misterios Luminosos) sugeridos por el Papa Juan Pablo II en su Carta Apostólica de Octubre 16, 2002, son intendidos a ofrir contemplación sobre partes importantes de la Vida Pública de Cristo en adición a la contemplación sobre Su Infancia, Su Pasión, y Su Vida Resuscitada ofridos por los Misterios traditionales.

El Santo Padre asignó estos nuevos Misterios al Jueves y trasladó los Misterios Gozosos—ordinariamente recitados en este día—al Sábado para la especial presencia de María en ellos.

ESTACIONES de la CRUZ

1. Jesús condenado a muerte

Oh Jesús, enséñame a apreciar tu gracia santificante más y jamás perderla por el pecado.

2. Jesús carga con su Cruz

Oh Jesús, Tú has escogido morir por mí. Haz que te ame siempre con todo mi corazón.

3. Jesús cae por primera vez

Oh Jesús, hazme fuerte para vencer mis malas pasiones y levantarme pronto del pecado.

4. Jesús encuentra a su Madre

Oh Jesús, concédeme un tierno amor a tu Santa Madre, que te ofreció por amor a mí.

ESTACIONES de la CRUZ

5. Jesús es ayudado por Simón

Oh Jesús, como Simón, llévame más cerca de Ti por medio de mis cruces y penas diarias.

6. Jesús encuentra a la Verónica

Oh Jesús, imprime tu imagen en mi corazón para que nunca deje de serte fiel en mi vida.

7. Jesús cae por segunda vez

Oh Jesús, me arrepiento de haberte ofendido. Concédeme el perdón de todos mis pecados.

8. Jesús habla a las mujeres

Oh Jesús, concédeme lágrimas de compasión por tus sufrimientos y de dolor por mis pecados.

ESTACIONES de la CRUZ

9. Jesús cae por tercera vez

Oh Jesús, concédeme que, en vez de desesperarme, te invoque en mis apuros espirituales.

10. Jesús despojado de sus vestidos

Oh Jesús, concédeme que sacrifique todas mis aficiones antes que arriesgar tu gracia.

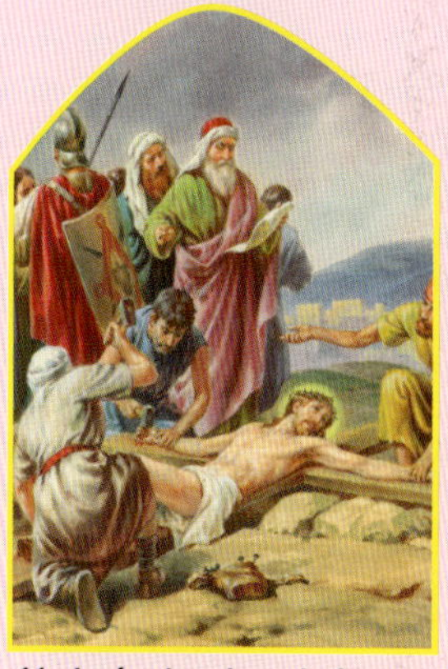

11. Jesús clavado en la Cruz

Oh Jesús, fortalece mi fe y aumenta mi amor a Ti. Ayúdame a aceptar mis cruces.

12. Jesús muere en la Cruz

Oh Jesús, te doy gracias por hacerme niño de Dios. Ayúdame a perdonar todas las ofensas.

ESTACIONES

de la

CRUZ

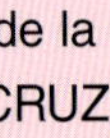

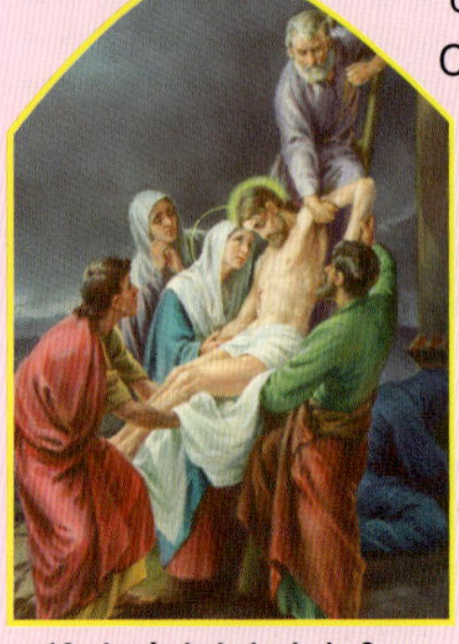

13. Jesús bajado de la Cruz

Oh Jesús, por la intercesión de tu Santa Madre, concédeme la gracia de serte grato siempre.

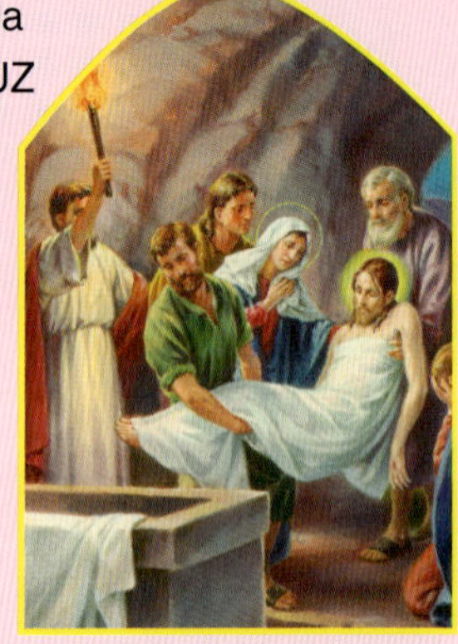

14. Jesús puesto en el Sepulcro

Oh Jesús, fortalece mi voluntad para vivir por Ti en la tierra y lograr la felicidad celeste.

Oración para después de las Estaciones

JESÚS, yo creo que al tercer día de Tu muerte Te levantaste de entre los muertos, el Domingo de Resurrección, triunfando sobre el pecado y la muerte. Te doy gracias por salvar mi alma, y espero yo, también, resucitar en la gloria después del Juicio Final, para que mi cuerpo y mi alma puedan alabarte por siempre en el cielo. Señor, con Tu Cruz y Resurrección, nos has liberado. ¡Tu eres el Salvador del mundo!

Y San Lorenzo Justiniano pregunta: "¿Cómo no va a estar ella llena de gracia? Ella fue hecha la escala del paraíso, la puerta del cielo, y la segura mediadora entre Dios y los seres humanos."

* * *

No puede negarse, sino sólo por los que no tienen fe, que el recurrir a la intercesión de María es cosa utilísima y encomiable. Pero lo que queremos probar es que la intercesión de María no sólo es útil sino también necesaria para nuestra salvación; necesaria, no absolutamente, sino moralmente.

Esta necesidad proviene de la misma voluntad de Dios, Que quiere que todas las gracias que dispensa a los seres humanos pasen por las manos de María. Ésta es la opinión de San Bernardo—la cual es sentencia común de Teólogos y Doctores.

* * *

Una cosa es la mediación de justicia en virtud de los méritos (y ésta es la mediación de Cristo) y otra cosa es la mediación de gracia por vía de intercesión (la mediación de nuestra Señora). Además, es una cosa decir que Dios no puede, y otra cosa decir que Él no *quiere*, dar las gracias sin la intercesión de María.

Reconocemos que Dios es el manantial de todo bien y el Señor absoluto de todas las gracias, y que María es solamente una criatura que recibe por gracia de Dios todo lo que tiene.

Pero nadie puede negar que es razonable y conveniente que Dios decidiera que todas las gracias concedidas a los que Él ha redimido pasen por las manos de María y se dispensen por ella.

Porque así quiere Dios exaltar a esta maravillosa criatura que Lo ha amado y honrado durante su vida más que todas las demás y que Él eligió por Madre de Su Hijo y Redentor de todos nosotros.

Confesamos de buena gana que Jesucristo es el único Mediador de justicia, conforme ya hemos distinguido antes. Con Sus méritos, Él nos obtiene la gracia y la salvación. Pero decimos también que María es la Mediadora de gracia.

Ella recibe, de hecho, por medio de Jesucristo todo lo que obtiene y todo lo que pide en nombre de Él. Sin embargo, todas las gracias que recibimos nos provienen por su intercesión.

* * *

En esto no hay nada que sea opuesto a la fe. De hecho, el contrario. Es perfectamente conforme a los sentimientos de la Iglesia.

En sus oraciones públicas aprobadas, ella nos enseña a recurrir constantemente a la Madre de Dios y a llamarla: "Salud de los enfermos, Refugio de pecadores, Auxilio de los cristianos, Vida y Esperanza nuestra."

En el Oficio de las fiestas de María, la Iglesia aplica a la Bienaventurada Virgen las palabras de *Sirácides* y así nos da a entender que en ella encontramos toda esperanza: "En mí está toda esperanza de vida y de virtud."

En María está toda gracia: *En mí está toda gracia del camino y de la verdad.* Encontraremos en María la vida y la salvación eterna: *Nunca fracasarán los que me sirven. Los que me exponen tendrán la vida eterna* (Si 24:25, 30, 31—Vulgata).

Y en el *Libro de los Proverbios* leemos: *Quien me encuentra, encuentra la vida y alcanza el favor del Señor* (Pr 8:35). Ciertamente, tales declaraciones son suficientes para probar que necesitamos la intercesión de María.

* * *

Séame permitido hacer una breve digresión y expresar aquí mi propia opinión. Yo diría que cuando se trata de una sentencia que en cierto modo es honrosa a la Bienaventurada Virgen María, que se encuentra fundada, y que no es disconforme ni a la fe ni a los decretos de la Iglesia ni a la verdad, el rechazarla o contradecirla porque la sentencia contraria puede ser verdadera, demuestra poca devoción a la Madre de Dios.

No quiero pertenecer al número de estos devotos templados, ni quiero que de ellos sean mis lectores. Más bien quiero ser del número de los que creen plena y firmemente todo lo que sin error puede creerse de la grandeza de María.

Si no hubiese otra razón para quitarnos el temor de excederse en las alabanzas de María, sería suficiente la opinión de San Agustín: él declara que, por mucho que alabemos a María, todo es poco en comparación a lo que ella se merece debido a su dignidad de Madre de Dios.

* * *

Veamos lo que dicen los Santos respecto a esta sentencia. San Bernardo dice, "Dios ha llenado a María de todas las gracias, para que los seres humanos por medio de ella, como por un canal, recibieran todos los bienes.

"María es un acueducto plenamente lleno, para que los demás reciban de su plenitud. Antes que naciera María, no había *constante* corriente de gracias, porque no existía este anhelado acueducto."

* * *

Para conquistar la ciudad de Betulia, Holofernes mandó que se destruyeran los acueductos. Del mismo modo, el demonio también hace todo lo posible para destruir en las almas la devoción a la Madre de Dios, porque cerrando este canal de gracia puede fácilmente tomar posesión de ellos.

San Bernardo sigue diciendo: "Miremos con qué tierna devoción quiere nuestro Señor que honremos siempre a María. En ella ha colocado la plenitud de todo bien para que reconozcamos que por su plenitud hemos recibido cada esperanza y gracia y signo de salvación que poseemos."

San Antonino dice lo mismo: "Todas las gracias que el mundo ha recibido han venido del cielo por medio de ella."

Y San Buenaventura dice, "Como la luna, puesta entre la tierra y el sol, recibe la luz y la difunde a la tierra, así María está colocada entre Dios y los seres humanos, y ella derrama la gracia de Dios sobre nosotros."

* * *

Igualmente, la Iglesia la llama "feliz Puerta del Cielo." Y San Bernardo observa: "Así como todo rescripto de gracia o de perdón mandado por el rey pasa por la puerta del palacio, así toda gracia que viene del cielo al mundo pasa por las manos de María."

Y San Buenaventura dice que María se llama "la Puerta del Cielo porque nadie puede entrar en aquel Reino dichoso si no pasa por ella."

* * *

La plenitud de la gracia estuvo en Cristo como en la cabeza, *de* la cual corre a todo el cuerpo; y en María, como en el cuello, *por* el cual pasa a todos los miembros.[35]

Quedando la plenitud de la naturaleza divina en el vientre de María, la Bienaventurada Virgen consiguió así cierta jurisdicción sobre todas las gracias; pues, todos los ríos de la divina gracia emanan de su vientre como del océano de la Divinidad que habitaba en ella. Así dice San Buenaventura.

Exponiendo la misma idea en palabras más claras, San Bernardino de Siena afirma que desde el momento en que esta Virgen Madre concibió en su seno al Verbo Divino, adquirió, por así decirlo, jurisdicción especial sobre todas las gracias del Espíritu Santo. Desde entonces ninguna criatura ha obtenido gracia alguna de Dios sino por las manos de María.

* * *

Otro autor trata este tema en su comentario a un pasaje de Jeremías en el que el profeta, hablando de la Encarnación del Verbo Eterno y de María Su Madre, dice que *la mujer rodeará al hombre* (Jr 31:22).

Dice: "Ninguna línea parte del centro de un círculo sin pasar por la circunferencia. Del mismo modo, ninguna gracia viene de Jesús, el centro de todo bien, sino por medio de María, quien Lo rodeó cuando Lo recibió en su vientre."

* * *

Por esto dice San Bernardino de Siena que todos los dones, todas las virtudes, todas las gracias se distribuyen por las manos de María a los que ella quiere, cuando ella quiere, y como ella quiere.

Asimismo, Ricardo de San Lorenzo dice que Dios quiere que todos los bienes que Él otorga a Sus criaturas pasen por las manos de María.

Por lo tanto, el venerable Abad de Celles exhorta a que todos recurran a la Bienaventurada Virgen, porque por medio suyo el mundo ha de recibir todo bien.

Se ve claramente que estos Santos y escritores, diciendo que todas las gracias nos vienen por medio de María, no han querido decir meramente que hemos recibido a Jesucristo, la fuente de todo bien, por María (según pretende cierto escritor).

Aseguran también que Dios, Que nos ha dado a Jesucristo, quiere asimismo que todas las gracias que se han dispensado, se dispensan, y se dispensarán hasta el fin de los tiempos por los méritos de Jesucristo, se dispensen todas por las manos y por la intercesión de María.

* * *

Brotará una vara del tronco de Jesé, y de su raíz florecerá un vástago. Sobre Él se posará el espíritu del Señor (Is 11:1-2).

Considerando este pasaje, San Buenaventura hace este comentario hermoso: El que desea conseguir la gracia del Espíritu Santo, busque la Flor en la Vara (es decir, a Jesús en María). Ya que por la Vara encontramos la Flor y por la Flor al Espíritu Santo. Si quieres conseguir esta Flor, inclina con las oraciones la Vara que sostiene la Flor.

2.
Continúa la Misma Materia

ASÍ como un hombre y una mujer cooperaron a nuestra ruina, así convenía que otro hombre y otra mujer cooperasen a nuestra redención, y éstos fueron Jesús y Su Madre María.[36]

No hay duda de que Jesucristo por sí sólo era suficientísimo para redimirnos. Pero fue más conveniente que ambos sexos obrasen la reparación del mal que los dos habían causado juntos. Por eso San Alberto Magno llama a María "la Colaboradora en la Redención."

Nuestra Bienaventurada Señora reveló a Santa Brígida: "Adán y Eva vendieron el mundo por una sola manzana. Mi Hijo y yo lo hemos rescatado con un solo corazón."

Dios pudo crear el mundo de la nada, pero Él no quiso repararlo sin la cooperación de María.[37]

* * *

Nadie puede venir a Mí si no lo atrae el Padre que Me ha enviado (Jn 6:44). Según Ricardo de San Lorenzo, Jesús dice lo mismo de Su Madre: "Nadie viene a Mí si Mi Madre no lo atrae con sus plegarias."

Jesús es el fruto de María. El que quiere el fruto tiene que ir al árbol. El que quiere a Jesús debe ir a María. Seguro que el que halla a María encontrará a Jesús.

* * *

San Juan Damasceno no tenía dificultad en decir a Nuestra Señora: "Reina inmaculada y pura, sálvame y líbrame de la condenación eterna." San Buenaventura llamaba a María la salvación de los que la invocan.

¿Vamos nosotros a tener escrúpulo en pedirle que nos salve cuando (como dice San Germán) nadie se salva sino por ella?

Casiano nos dice sin reservas que "toda la salvación de la raza humana depende del favor y de la protección de María." El protegido por María se salva; el que no es protegido se pierde.

* * *

Por esto, con razón Ricardo de San Lorenzo dijo: "Así como una piedra cae en el abismo cuando se le quita la tierra que la sostiene, así una persona que pierde la ayuda de María caerá primero en el pecado y después en el infierno."

San Buenaventura dice: "Dios no nos salvará sin la intercesión de María." Y sigue diciendo: "Un niño no puede vivir si le falta la nodriza; tampoco puede salvarse la persona a la que le falta la protección de María."

San Germán exclama: “Nadie, oh santísima María, puede conocer a Dios sino por ti. Nadie puede salvarse o redimirse sino por ti, oh Madre de Dios. Nadie recibe misericordia sino por ti, oh llena de gracia.

“Los seres humanos no pueden librarse de los efectos de la concupiscencia de la carne, si tú no despejas el camino. Oh Vida de los cristianos, ¿qué será de nosotros si tú nos abandonas?

* * *

Pero replica un cierto autor, diciendo que, si todas las gracias pasan por María, cuando imploramos la intercesión de los Santos, ¿tendrán que recurrir ellos a la mediación de María? Pero esto, dice el autor, nadie lo creyó ni lo soñó jamás.

* * *

En cuanto a creerlo, contesto yo que no hay ningún problema. ¿Qué inconveniente hay en decir que Dios, para honrar a Su Madre, habiéndola constituido Reina de Todos los Santos y queriendo que todas las gracias pasen por sus manos, quiera también que los Santos recurran a ella para obtener las gracias a sus devotos?

En cuanto a decir que nadie soñó jamás en esto, yo encuentro que enseñaron expresamente esta doctrina San Bernardo, San Anselmo, San Buenaventura, Suárez, y otros.

Por ejemplo, Suárez dice: "Entre los Santos no utilizamos a alguno como intercesor ante otro, porque todos están al mismo nivel. Pero rogamos a los Santos que intercedan ante María, porque ella es su Señora y Reina."

Tengamos en cuenta lo que dice San Buenaventura: "Cuando la Bienaventurada Virgen intercede con Dios por nosotros, ella manda a todos los ángeles y Santos, ya que es su Reina, que la acompañen y unan sus oraciones a las suyas."

* * *

Lutero decía que "no podía aguantar que la Iglesia de Roma llamase a María, que es una mera criatura, la 'esperanza nuestra,' porque, sólo Dios [decía Lutero], y Jesucristo como nuestro Mediador, son la esperanza nuestra." Pero la Iglesia nos *enseña* a invocar a María en toda ocasión y a llamarla nuestra esperanza: "¡Dios te salve, esperanza nuestra!"

Es claro que Dios es la única fuente y el dispensador de todo bien; y la criatura, *sin* Dios, es nada y no puede dar nada.

Pero si el Señor ha dispuesto, como ya hemos demostrado, que todas las gracias pasen *por* María como por un canal de misericordia, no sólo podemos sino debemos afirmar que María, por medio de la que recibimos las gracias de Dios, es verdaderamente nuestra esperanza.

Escuchemos lo que dicen los Santos. ¡Hijos míos, ella es mi seguridad más grande y el entero fundamento de mi esperanza (San Bernardo)! O Señora, con todo mi corazón, en ti he colocado toda mi esperanza, y con mis ojos puestos en ti, de ti espero mi salvación (San Juan Damasceno).

María es la esperanza entera de nuestra salvación (Santo Tomás). Virgen santísima, acógenos bajo tu protección, ya que no tenemos esperanza de salvarnos sino por medio de ti (San Efrén).

* * *

Ésta es la voluntad de Dios, que recibamos todo bien por las manos de

María, dice San Bernardo. Por lo tanto, él nos exhorta a que, siempre que queramos alguna gracia, nos encomendemos a María, y vamos a recibirla por medio suyo.

Aunque tú no mereces la gracia que pides (dice el Santo), bien la merecerá María. "Ya que tú no eras digno de la gracia, fue concedida a María, a fin de que por su medio tú recibieras lo que tienes.... Y todo lo que ofrezcas a Dios, procura encomendarlo a María, si no quieres ser rechazado."

CAPÍTULO 6

EA, PUES, SEÑORA, ABOGADA NUESTRA

1.
María Es una Abogada que Tiene Poder de Salvar a Todos

LA autoridad que una madre tiene sobre su hijo es tan grande que, aunque éste sea monarca, teniendo poder absoluto sobre todos sus súbditos, nunca puede ella ser súbdita de su hijo.

Ahora Jesús está sentado a la derecha del Padre, y Él tiene este honor aun como Hombre en virtud de la unión hipostática con la Persona del Verbo Divino. Por eso, tiene dominio supremo—también sobre María.

Sin embargo, siempre puede decirse que, en un tiempo, cuando Él vivió en el mundo, quiso humillarse y ser súbdito de María. Además, habiendo hecho a María Su

Madre, Jesucristo estaba entonces obligado a obedecerla porque era su Hijo.

* * *

Por lo tanto, podemos decir que, aunque María ya no pueda mandar a su Hijo, porque ya no están en la tierra, pero sus plegarias son siempre las plegarias de una madre, y por lo mismo poderosísimas para obtener cuanto pida.

* * *

A la orden de María, todos obedecen, incluso Dios.[38] Ella es omnipotente, porque la reina, según todas las leyes, goza de los mismos privilegios que el rey; y ya que el poder del hijo pertenece también a la madre, esta Madre ha sido hecha omnipotente por el Hijo omnipotente.[39]

Por lo tanto, dice San Antonino que Dios ha puesto a toda la Iglesia no sólo bajo el patrocinio, sino bajo el poder y la autoridad de María.

* * *

Debiendo, pues, tener la Madre el mismo poder que el Hijo, María fue hecha omnipotente porque Jesús es omnipotente. Por supuesto, el Hijo es omnipotente por naturaleza, y María lo es por gracia. Y esto es confirmado con lo que acontece: el Hijo nunca le niega nada a la Madre cuando ella Le pide, como fue revelado a Santa Brígida.

Un día la Santa oyó a Jesús diciendo a María: "Pídeme cuanto quieras; tu petición nunca puede ser en vano." Y ésta es la hermosa razón que Él le dio: "Ya que nada Me negaste en la tierra, Yo nada te negaré en el cielo."

* * *

Desde que María vino al mundo, su único pensamiento, con el de buscar la gloria de Dios, era ayudar a los miserables. Y ya cuando vivía en la tierra gozaba del privilegio de ser oída en todo lo que pedía.

Pensemos en lo que aconteció en Caná. Al faltar el vino, la Bienaventurada Virgen se compadeció del problema y de la vergüenza de los esposos, y ella pidió al Hijo que los ayudase con un milagro. A su Hijo dijo simplemente: "No tienen vino."

Pero Jesús le contestó: "*Mujer, ¿qué tengo yo que ver contigo? Todavía no ha llegado mi hora.*" Es decir, "No ha llegado todavía el tiempo de los milagros. Llegará cuando, empezando a predicar, necesitaré confirmar mis Doctrinas con los milagros."

No obstante, para complacer a Su Madre, Él transformó el agua en vino excelente. ¿Cómo puede ser que, contra Su divino proyecto, Jesús haya hecho este milagro? De hecho, no había infracción de Sus propios decretos; porque si bien, generalmente hablando, no había llegado todavía el tiempo de los milagros, sin embargo, desde toda la eternidad, había establecido por otro decreto general que todo lo que pidiera Su Madre jamás se le negase.

Santo Tomás hace este comentario con respecto a la declaración, "Todavía no ha llegado mi hora." Él dice: Aquí Cristo quiso expresar que si otro Le hubiera pedido el milagro no lo habría hecho; pero porque Se lo pidió Su Madre, lo realizó.

* * *

Valerio Máximo refiere que, sitiando Coriolano la ciudad de Roma, todos los ruegos de sus amigos y de sus conciudadanos no bastaron a hacerle desistir; pero cuando su madre, Veturia, se presentó a pedírselo, levantó el sitio inmediatamente.

Pero, los ruegos de María a Jesús son más poderosos que los de Veturia, porque más agradecido es Jesús a Su querida Madre que Coriolano a su madre.

Una vez Santo Domingo mandó al demonio que hablase por boca de un poseso, y éstas eran las palabras del demonio: "Vale más ante Dios un solo suspiro de María que las súplicas de todos los Santos juntos."

* * *

Las plegarias de nuestra Señora, siendo plegarias de Madre, tienen como cierta especie de imperio; por eso, es imposible que no sea oída cuando ruega.[40] Es lo que enuncia el celebre dicho: ¡Lo que Dios puede con Su imperio, tú lo puedes con tus ruegos, oh Bienaventurada Virgen!

¿No es cosa esperada de la benignidad de Dios custodiar de este modo el honor de Su Madre, habiendo Él mismo declarado que había venido a la tierra no a abolir, sino a cumplir la ley que manda, entre otras cosas, que se honren a los padres?[41]

Todos nosotros debemos a Dios cuanto tenemos, porque todo es don Suyo; pero tomando la carne de María y haciéndose Hombre, Dios quiso hacerse deudor de ella.[42]

2.
María Es una Abogada Compasiva por los Más Miserables

TENEMOS tantos motivos para amar a esta amorosa Reina, que si en todo el mundo se alabase a María, si todos los predicadores hablasen sólo de ella, y si todos los seres humanos diesen la vida por ella, esto sería poco en comparación al honor y a la gratitud que le debemos por el tierno amor que ella tiene para todos los que le conservan algún sentimiento de devoción, aunque sean los más miserables pecadores.

Ella es el Refugio singular de los abandonados, la Esperanza de los miserables, y la Abogada de todos los pecadores que acuden a ella.[43]

* * *

Pero si se encontrasen algunos pecadores, no dudando de su poder, pero desconfiando de su compasión, y temiendo que ella no quisiese ayudarlos por la gravedad de sus pecados, los anima San Buenaventura, diciéndoles:

"Grande es el privilegio que tiene María de ser todopoderosa con su Hijo. Pero ¿de qué nos serviría este poder si ella no se preocupase por nosotros? No, no dudemos; y demos siempre gracias a nuestro Señor y a Su Bienaventurada Madre. Así como es más poderosa que todos los santos, así también es más amorosa y solícita de nuestro bien."

* * *

María cuida de todos, aun de los pecadores. De hecho, se gloría de que la llamen "Abogada de los pecadores," como lo declaró ella misma a la venerable Sor María Villani, diciendo, "Después del título de Madre de Dios, me glorío de ser llamada Abogada de los pecadores."

* * *

Infelices de nosotros pecadores, si no tuviéramos esta grande Abogada, tan poderosa y compasiva, tan prudente y sabia, así que el Juez, su Hijo, no puede condenar a los culpables si ella los defiende.[44] ¡Salve, oh Tribunal, por resolver cada causa![45]

* * *

San Buenaventura llama a María "sabia Abigail." Ésta fue la mujer, como se lee en el Primer Libro de Samuel, que supo aplacar con sus hermosas súplicas a David cuando estaba enojado contra Nabal.

Ella tuvo mucho éxito, así que David la bendijo y le dio gracias porque con sus dulces maneras le había impedido de vengarse personalmente de Nabal. Esto es precisamente lo que hace María de continuo en el cielo a favor de innumerables pecadores.

Con sus plegarias tiernas y convincentes, ella sabe aplacar la justicia de Dios, de manera que Dios Mismo la bendice y le da gracias por haberle detenido para que no abandonase a los pecadores, castigándolos como se merecen.

* * *

"Por eso," dice San Bernardo, "el Padre celestial, Que quiere usar con nosotros de todas las misericordias posibles, nos da a Jesucristo como nuestro Abogado principal, y a María como nuestra Abogada ante Jesús.

"Es verdad, por supuesto, que Jesús es el único Mediador de justicia entre los seres humanos y Dios; y que, en virtud de Sus propios méritos, puede y quiere, según Sus promesas, obtenernos el perdón y la gracia. Pero en Cristo los seres humanos reconocen y temen la Divina Majestad que a Él pertenece como Dios.

"Por eso fue preciso señalarnos otra Abogada a la que pudiésemos recurrir con menos temor y más confianza. Y esta segunda Abogada es María.

"No podemos encontrar nadie más poderoso ante la Divina Majestad y más misericordioso para con nosotros. Gran injuria haría a la piedad de María el que todavía temiera recurrir a los pies de esta Abogada dulcísima, que nada tiene de severo o de terrible, sino que es toda tierna, toda amable, y toda benigna.

"Lee y vuelve a leer cuanto quieras todo lo que se narra de ella en los Evangelios, y si encuentras algún rastro de severidad allí, puedes temer acercarte a ella. Pero nunca lo encontrarás. Entonces recurre a ella con alegría, y ella te salvará por su intercesión."

3.

María Es la Reconciliadora de los Pecadores con Dios

LA gracia de Dios es el tesoro más grande y deseable del alma. El Espíritu Santo llama la gracia un tesoro infinito, porque ella nos eleva a la dignidad de amigos de Dios.

Porque ella es un tesoro inagotable para los hombres: los que la adquieren se ganan la amistad de Dios (Sb 7:14). Son las iniquidades de ustedes, dice Isaías, *las que los separan de su Dios* (Is 59:2). El pecado transforma el alma de amiga en enemiga de Dios.

* * *

¿Qué pueden hacer los pecadores que, por su desgracia, se han convertido en enemigos de Dios? Necesitan encontrar un mediador que les obtenga el perdón y les haga recuperar la amistad perdida. "¡Animo!" dice San Bernardo. "Dios Mismo les ha proporcionado un Mediador—Su Hijo Jesús, Que puede obtenerte cuanto desees.

"Amadísimo Dios, ¿cómo pueden los seres humanos juzgar severo a este Salvador tan compasivo que para salvarnos dio Su propia vida? ¿Cómo pueden creer terrible al Que es del todo amable?

"Oh pecadores desconfiados, ¿por qué tienen miedo? ¿Es porque ustedes han ofendido a Dios? Pero Jesús ha clavado los pecados de ustedes en la cruz con Sus propias manos traspasadas; ha satisfecho por ellos a la Divina Justicia con Su propia muerte; y ya los ha borrado de sus almas.

"Pero acaso temen recurrir a Jesucristo porque les espanta Su Majestad—ya que, hecho Hombre, no dejó de ser Dios—y quieren otro abogado para interceder ante Él. Recurran a María, y ella intercederá por ustedes ante su Hijo. Ciertamente Él la oirá, y luego Él intercederá ante Su Padre, Que nada puede negar a tal Hijo.

"La Madre de Dios es la escala de los pecadores por la que suben a la cumbre de la gracia de Dios. Ella es mi suprema confianza. Ella es todo el fundamento de mi esperanza."

* * *

Hermosa como las tiendas de Salomón (Ct 1:4—Vulgata): así habla el Divino Esposo de María. En las tiendas de David sólo se trataba de guerra, mientras que en las de Salomón se trataba sólo de paz.

De este modo, el Espíritu Santo nos da a entender que esta Madre misericordiosa nunca trata de guerra y de venganza contra los pecadores, sino sólo de paz y perdón.

* * *

El arco iris que vio San Juan alrededor del trono de Dios (Ap 4:3) fue expresa figura de María. San Bernardino de Siena dice que de este arco iris habló Dios cuando dijo a Noé que colocaría Su arco en las nubes como señal de paz, para que mirándolo Se acordase del pacto eternal de paz que había establecido con la raza humana.

* * *

María es también comparada con la luna en el *Cantar de los Cantares* (6:10). La luna está entre el cielo y la tierra. Del mismo modo María se interpone entre Dios y los pecadores, para aplacar al Señor e iluminar a los pecadores para que vuelvan a Él.[46]

* * *

Cuando fue creada nuestra Señora, la misión principal que se le confió era esto: levantar a los pecadores de su condición y reconciliarlos con Dios. "Apacienta tus cabritos," dijo el Señor al crearla (Ct 1:8). Y sabemos que los pecadores son figurados en los cabritos, así como los elegidos son figurados en las ovejas. En el juicio final las ovejas serán a la derecha y los cabritos a la izquierda.

"Oh gran Madre," dice Guillermo de París, "los cabritos están confiados a ti, para que los conviertas en ovejas. Por sus pecados merecen ser echados a la izquierda, pero tu intercesión los permite estar a la derecha."

Nuestro Señor reveló a Santa Catalina de Siena que había creado a ésta, Su amadísima hija, como un cebo dulce para coger a los seres humanos, y especialmente a los pecadores, y atraerlos a Dios.

* * *

Pero debemos notar la reflexión de Guillermo, el inglés, sobre este pasaje, *Apacienta tus cabritos*. "Dios recomienda a María sus propios cabritos, porque ella no salva a todos los pecadores, sino a los que la sirven y honran.

"Por el contrario, aquellos que viven en pecado y nunca la honran con algún obsequio especial, ni se encomiendan a ella para salir del pecado, ésos son verdaderamente cabritos, pero no de María. En el juicio final serán puestos a la izquierda con los condenados."

* * *

Había un noble que desesperaba de su salvación por sus muchos pecados. Pero un monje lo convenció para que, visitando una imagen de nuestra Señora en cierta iglesia, le rogase allí.

Al ver la imagen, el noble se sintió como invitado por nuestra Señora a que se postrara a sus pies y pusiera en ella su confianza. Él se puso de rodillas para besar sus pies, pero al instante María le tendió la mano para que la besara. Y en la mano vio escritas estas palabras: "Yo te libraré de tus enemigos."

El noble sintió tanto dolor de sus pecados y tan intenso amor a Dios y a Su dulce Madre que murió allí mismo, a los pies de María.

* * *

¡Cuántos pecadores obstinados cada día atrae hacia Dios este imán de los corazones! "Como el imán atrae el hierro," dijo nuestra Señora a Santa Brígida, "así atraigo yo los corazones." Aun los corazones más endurecidos ella atrae hacia Dios.

Estos prodigios no son raros. Acontecen cada día. Yo podría referir muchos casos sucedidos en nuestras misiones [Redentoristas], en que pecadores, que permanecían más duros que el hierro a todos los sermones, se arrepintieron y volvieron a Dios al oír el sermón de las misericordias de María.

* * *

Para esto nuestra Señora ha sido hecha Madre de Dios, a fin de que los pecadores que por su mala vida no podrían salvarse según la justicia estricta de Dios obtengan la salvación por medio de la dulce misericordia y la poderosa intercesión de ella.[47]

María ha sido elevada a la dignidad de Madre de Dios más por los pecadores que los justos, ya que Jesús Mismo declaró que vino a llamar no a los justos, sino a los pecadores.[48]

* * *

Si temes que, recurriendo a María con tus pecados, ella rehusará ponerse de tu parte, debes saber que ella no puede dejar de defenderte, porque Dios Mismo le ha encargado el oficio de ayudar a los miserables.[49]

* * *

Oh pecador, seas quien seas, hundido en el pecado, envejecido en el vicio, no desconfíes nunca.

Deseando tener misericordia contigo, Dios ha dado a Su propio Hijo por tu Abogado. Y para aumentar tu confianza te ha proveído de otra Abogada, que obtiene cuanto pida con sus plegarias.

Recurre a María, y verás la salvación.

CAPÍTULO 7

VUELVE A NOSOTROS ESOS TUS OJOS MISERICORDIOSOS

María Es Toda Ojos para Compadecerse de Nosotros y Socorrernos

SAN Andrés Avelino solía llamar a la Bienaventurada Virgen nuestra "Administradora del Paraíso," quien trae mensajes de misericordia y les consigue gracia a todos, tanto a los justos como a los pecadores.

Los ojos del Señor están sobre los justos (Sal 34:16). Pero los ojos de nuestra Señora están vueltos tanto hacia los justos como hacia los pecadores. Los ojos de María son ojos de madre, y la madre no sólo cuida de que sus hijos no caigan, sino que los levanta si han caído.[50]

* * *

¡Oh María!, estás tan llena de misericordia, y tan dispuesta a ayudar a los miserables, que parece que no tienes otro deseo ni otro afán que éste.[51] Y porque no hay nadie más miserable que los pecadores, tú estás siempre rogando al Hijo en favor de ellos.[52]

* * *

Acaso, dice San Pedro Damián, ahora que ha sido ensalzada como Reina del Cielo, se habrá olvidado de las criaturas miserables. Pero, él añade, no conviene a su gran corazón piadosísimo el olvidarse jamás de tal miseria como la nuestra.

No puede aplicarse a María el proverbio antiguo: *Honores mudan costumbres*. Esto sucede entre los mundanos. Llegando a una posición social alta, se llenan de soberbia y se olvidan de los amigos antiguos que son pobres. María se alegra de ser ensalzada para poder así socorrer mejor a los necesitados.

* * *

San Buenaventura aplica a María las palabras dirigidas a Ruth: *¡Qué el Señor te bendiga, hija mía! Has hecho esta última bondad tuya mejor que la primera* (Rut 3:10).

Él dice: "Si fue grande la compasión de María para con los necesitados cuando vivía en la tierra, mucho mayor es su compasión ahora. Con sus innumerables gracias, ella muestra cuanto más misericordiosa se ha convertido al presente, conociendo ahora mejor nuestras miserias."

Fue revelado a Santa Gertrudis que no puede María dejar de inclinarse en favor de quien le ruega con las palabras: *Abogada nuestra, vuelve a nosotros esos tus ojos misericordiosos*. Ella es obligada a escuchar.

* * *

Se cuenta de Sor Catalina de San Agustín que en la misma ciudad donde vivía ella habitaba una mujer llamada María que desde su juventud había sido una pecadora. Negándose a arrepentirse y llegando a la vejez, fue arrojada del pueblo y desterrada a vivir en una cueva apartada.

Allí se quedó, descuidada por todos y consumida por enfermedades. A la larga, murió sin los Sacramentos y fue enterrada en el campo como una bestia.

Sor Catalina solía rezar con gran devoción por las almas de los que habían pasado de este mundo al otro. Pero, habiéndose enterado de la desdichada muerte de esta pobre criatura, no pensó en rezar por ella, porque la tenía (como la tenían todos) por irrevocablemente perdida.

Habiendo pasado cuatro años, un día se le apareció un alma del purgatorio que exclamó: "Sor Catalina, ¡qué desdicha la mía! Tú encomiendas a Dios a todos los muertos, y sólo de mí no te compadeces."

"¿Quién eres tú?" le preguntó la sierva de Dios.

"Yo soy," le contestó, "la pobre María que murió en la cueva."

"Pero ¿cómo has podido salvarte?" dijo Sor Catalina.

"Me he salvado por la misericordia de la Bienaventurada Virgen. Cuando me vi a las puertas de la muerte, cargada de pecados y abandonada por todos, me dirigí a la Madre de Dios y le dije:

"'Oh Señora, tú eres el refugio de los abandonados. He aquí estoy abandonada por todos. Tú eres mi única esperanza; sólo tú puedes ayudarme; ten piedad de mí.'

"La Bienaventurada Virgen me obtuvo la gracia de contrición. Morí y me salvé. Además, mi Reina me ha otorgado una gracia adicional: que mi pena se abreviase, haciéndome sufrir en intensidad lo que hubiera debido purgar por muchos años.

"Y ahora sólo necesito algunas Misas para librarme completamente. Te suplico que las mandes celebrar; y por mi parte, te prometo que rezaré siempre a Dios y a María por ti."

Sor Catalina hizo celebrar las misas inmediatamente; y después de algunos días, de nuevo aquella alma se le apareció, resplandeciente con gloria, y le dijo: "Te doy gracias, Catalina. Ahora me voy al Paraíso a cantar las misericordias de Dios y a rezar por ti."

* * *

¡Ah maravillosa Señora, tu misericordia ilimitada llena toda la tierra![53] Esta Madre amantísima desea hacer bien a todos los seres humanos; se siente como ofendida no sólo por los que le hacen alguna injuria, sino por los que no le piden alguna gracia.[54]

¡Oh Señora, dándonos bendiciones no merecidas, tú nos has enseñado a buscar bendiciones adicionales![55]

* * *

Así como nuestro Señor está lleno de piedad, así también lo está nuestra Señora. Y así como el Hijo no sabe negar Su misericordia a los que la piden, así también la Madre no la sabe negar.

El Abad Guerrico hace hablar a Jesús con Su Madre así: "Madre, en ti colocaré el trono de Mi reino. Por medio de ti, administraré justicia, escucharé plegarias, y concederé gracias. Tú Me has dado Mi natura humana, y Yo te daré Mi natura divina"—o sea, la omnipotencia, por la que ella puede ayudar a los que quiera.

* * *

Un día, mientras Santa Gertrudis rezaba a nuestra Señora con las palabras, *Vuelve a nosotros esos tus ojos misericordiosos*, vio que nuestra Señora le señalaba los ojos del Niño en sus brazos, y le decía: "Estos son los ojos piadosísimos que yo puedo inclinar a todos los que me invocan."

Una vez, cuando un cierto pecador lloraba ante una imagen de nuestra Señora y le pedía que le obtuviera el perdón de Dios, vio nuestra Señora volverse hacia el Niño en sus brazos, diciéndole: "¿Se perderán estas lágrimas, Hijo mío?" Y se le dio a entender que Jesucristo ya le perdonaba.

* * *

Entonces, ¿cómo es posible que se pierda el que reza a esta buena Madre? Su Hijo, Que es Dios, ha prometido usar de misericordia con todos los que a ella se encomiendan. Esto le reveló Él a Santa Gertrudis, haciéndole oír las palabras de esta promesa que Él hizo a Su Madre:

"Yo soy todopoderoso, oh amadísima Madre, y doy Mi perdón, de la manera que te agrada, a todos los pecadores que piden devotamente tu misericordia."

* * *

"Sáciate de la gloria de tu Hijo," dice el Abad Guerrico, "y por compasión—no por nuestro mérito—da de lo que te sobra a tus hijos."

* * *

Si el ver nuestros pecados nos hace desconfiar, recurramos a María y digámosle con Guillermo de Paris: "Oh Señora, no me eches in cara mis pecados; yo opondré a ellos tu misericordia. Y ciertamente, en el día del juicio mis pecados no podrán competir y vencer a tu misericordia, que es mucho más poderosa para obtenerme el perdón que todos mis pecados para condenarme."

CAPÍTULO 8

Y DESPUÉS DE ESTE DESTIERRO, MUÉSTRANOS A JESÚS, FRUTO BENDITO DE TU VIENTRE

1.
María Libra a Sus Devotos del Infierno

ES imposible que los devotos de María se condenen si la obsequian fielmente y si se encomiendan a ella. A primera vista, esta proposición puede parecer a algunos una exageración. Pero yo les rogaría que, antes de rechazarla, leyeran lo que voy a decir sobre este punto.

* * *

Al decir que los devotos de María nunca se perderán, no incluimos a los que abusan de su pretendida devoción para pecar desenfrenadamente. Los que desaprueban el ensalzar tanto la misericordia de María para con los pecadores, porque dicen que los impíos abusan de ella para pecar con más libertad, son injustificados en su opinión, porque tales presuntuosos, por su temeraria confianza, merecen castigo, no misericordia.

Nuestra proposición ha de entenderse de aquellos devotos de María que, con deseo de enmendarse, son fieles en obsequiarla y encomendarse a ella. Es moralmente imposible, digo yo, que estos se pierdan.

Encuentro que el Padre Crasset ha dicho lo mismo en su libro sobre la devoción a la Madre de Dios. Y antes de Crasset, Vega lo dijo en su Teología Mariana, con Mendoza y otros teólogos.

Para mostrar que éstos tenían razón en lo que dijeron, yo pondré por escrito lo que han dicho sobre el asunto algunos Doctores y Santos.

* * *

Por ejemplo, San Anselmo: "Así como es imposible que se salven los que no son devotos de María y que no son protegidos por ella, así es imposible que se pierdan los que se encomiendan a ella y son guardados por ella." San Antonino repite esta idea con casi las mismas palabras.

* * *

Téngase en cuenta la primera parte de esta proposición. Y tiemblan los que menosprecian la devoción a la Madre de Dios o se vuelven descuidados o la dejan completamente: *Es imposible que se salven aquellos que no son protegidos de María.*

Esto lo afirman muchos otros—por ejemplo, San Alberto Magno: Todos los que no son tus siervos, oh Maria, se perderán. O San Buenaventura: Los que desprecian a nuestra Señora morirán en sus pecados. Y en otro lugar: Los que no te invocan en esta vida no llegarán al cielo.

Mucho antes lo había dicho San Ignacio, mártir: No puede salvarse un pecador, sino por medio de tu ayuda y tu favor, oh Virgen María; porque reciben misericordia y se salvan per medio de tu intercesión los que según la justicia de Dios merecían ser condenados.

Algunos dudan que esta sentencia sea de San Ignacio, mártir; pero, de todos modos, esta opinión San Juan Crisóstomo la aceptó como se hubiera sido suya. Hasta el hereje Ecolampadio consideraba señal cierta de reprobación la poca devoción a la Madre de Dios; y por eso dijo: Nunca se oirá de mí que rechazo a María.

* * *

Por eso el demonio trabaja tanto para que los pecadores, después de haber perdido la gracia de Dios, pierdan también la devoción a María. Viendo a Isaac jugando con Ismael, quien le enseñaba a Isaac malas costumbres, Sara pidió a Abrahán que echara de casa a Ismael y a su madre Agar: *¡Echa de aquí a esa esclava y a su hijo!* (Gn 21:10)

No se contentó con que despidiese sólo al hijo. Quiso que echase también a la madre, porque temía que el hijo, volviendo a ver a la madre, volviese a frecuentar la casa. Así el demonio no se contenta con que un alma se aparte de Jesucristo si no desecha también a Su Madre.

El demonio teme que, por su intercesión, la Madre haga volver al Hijo. Y lo teme con toda razón, porque los que son fieles en obsequiar a la Madre de Dios pronto volverán a Dos Mismo.[56]

* * *

Por eso, con razón San Efrén decía de la devoción a nuestra Bienaventurada Señora que era "la carta (el pasaporte) de libertad." Y llamaba a María la protectora de los condenados. María tiene el poder y la voluntad de salvarnos.[57]

Tiene el poder—es imposible que la Madre de Dios ruegue en vano.[58] Sus peticiones no pueden ser denegadas; ella consigue cuanto quiera.[59] Tiene la voluntad de salvarnos; porque, siendo nuestra Madre, más anhela nuestra salvación que nosotros mismos la deseamos.

Siendo esto verdad ¿cómo puede acontecer jamás que se pierdan los devotos de María? Pueden ser pecadores, pero si con perseverancia y voluntad de enmendarse se encomiendan a esta buena Madre, ella les obtendrá la ayuda necesaria para volver al estado de gracia, sentir profundo dolor por sus pecados, perseverar en la virtud, y alcanzar finalmente una buena muerte.

¿Qué madre, pudiendo librar a su hijo de la muerte solamente con pedir la gracia al juez, no lo haría? Y ¿podemos pensar que María, la madre más amorosa que pueda encontrarse para con sus devotos, pudiendo fácilmente librar a sus hijos de la muerte eterna, no lo haga?

* * *

¡Cuánto encoleriza al demonio ver a un alma que persevera en la devoción a la Madre de Dios! Se lee en la vida del P. Alfonso Álvarez, quien fue muy devoto de María, que estando en oración y muy angustiado por las tentaciones impuras con que el demonio le afligía, el demonio le dijo: "Deja tu devoción a María, y yo dejaré de tentarte."

* * *

Dios reveló a Santa Catalina de Siena que, por su bondad y por amor a Su Verbo Encarnado, Él le había concedido a María este favor: ninguno de los que se encomiendan devotamente a ella, aunque fuera pecador, caiga jamás en el infierno.

Aquel por quien María haya orado una sola vez no experimentará los dolores del infierno.[60] Si tengo para defenderme a la Madre de la misericordia, ¿quién me dirá que, al presentarme al divino tribunal, no tendré favorable al Juez?[61]

El Beato Enrique Susón declaraba que había puesto su alma en manos de María. Deseaba que, si el Juez pretendiese condenarlo, la sentencia se ejecutase por manos de María.

La misma benevolencia esperaré para mí, oh Santísima Reina. Repetiré las palabras de San Buenaventura: "En ti, oh Señora, he puesto todas mis esperanzas." Por lo tanto, estoy segurísimo de que no seré perdido, sino te alabaré y te amaré para siempre en el cielo.

2.
María Ayuda a Sus Devotos en el Purgatorio

LOS devotos de esta piadosísima Madre son muy afortunados. Ella los socorre en esta vida y la que viene, consolándolos y asistiéndolos en el purgatorio. Y necesitando las almas en el purgatorio tanto más ayuda, ya que no pueden ayudarse a sí mismos, se empeña nuestra Madre de misericordia mucho más en aliviarlas.

Sobre estas pobres almas, que son esposas de Cristo, ella tiene cierto dominio tanto para aliviarlas como para liberarlas de aquellas penas.[62] He aquí cuánto importa dedicarse al servicio de esta buena Señora, porque ella nunca se olvide de sus siervos cuando padecen en estas llamas. Si ella socorre a todas las almas pobres, consigue más indulgencias y consuelos a sus devotos.[63]

Nuestra Bienaventurada Madre dijo a Santa Brígida: "Yo soy la Madre de todas las almas en el purgatorio, porque mis plegarias sirven para mitigar sus penas de hora en hora mientras quedan allí."

María se digna también a ir allí de vez en cuando para consolar a sus hijos afligidos.

Cuán afable ella es, cuán bondosa con las pobres almas que padecen en el purgatorio. Por medio di ella, reciben continuamente consuelo y refrigerio.[64]

* * *

¿Qué consuelo les queda, salvo María y su alivio misericordioso? Un día Santa Brígida oyó que Jesús decía a Su santa Madre: "Tú eres Mi Madre, la Madre de misericordia, y el consuelo de los que están en el purgatorio."

Nuestra misma Señora dijo a Santa Brígida que así como un enfermo en el lecho se siente reconfortado con cualquier palabra de consuelo, así las almas pobres se consuelan oyendo solamente su nombre.

Esa Madre amorosa, al oír a las pobres almas que la invocan, dirige sus plegarias a Dios. Y sus plegarias, como rocío celestial, las refrigera en sus penas ardientes.[65]

* * *

Pero ella no solo consuela y alivia a sus devotos, sino que los libra por sus ruegos. Gersón dice que en el día de la gloriosa Asunción de María el purgatorio quedó vació.

Esto lo confirma Novarino: Muchos autores acreditados afirman que, estando

Madre de nuestro Salvador, ruega por nosotros.

María purísima, ruega por nosotros.

María para subir al cielo, pidió a su Hijo poder llevar consigo a todas las almas pobres. Desde entonces, dice Gersón, María retiene el privilegio de librar a todos sus devotos.

San Bernardino de Siena también afirma que las plegarias y los méritos de la Bienaventurada Virgen tienen el poder de librar a las almas del purgatorio y principalmente a las de sus más devotos.

Lo mismo dice Novarino, opinando que, por los méritos de María, las penas de esas almas no sólo se hacen más tolerables, sino también más breves por su intercesión. Basta que ella lo pida.

* * *

Refiere San Pedro Damián que, habiendo muerto una señora llamada Mazoria, se apareció a su abuela y le dijo que, en el día de la Asunción, ella había sido librada del purgatorio con una muchedumbre que superaba a la población de Roma.

San Dionisio Cartujano opina que en la Navidad y en la Pascua nuestra Señora, acompañada de multitudes de ángeles, se presenta en el purgatorio y lleva consigo al cielo a muchas almas.

Novarino dice que lo encuentra fácil creer que sucede lo mismo en todas las fiestas solemnes de María.

* * *

Los hombres tienen como una cosa honorifica que otros lleven su librea. Del mismo modo, nuestra Señora agradece que sus devotos lleven su escapulario para manifestar de que están consagrados a su servicio y que pertenecen a la familia de la Madre de Dios.

Los herejes modernos se burlan, como es costumbre entre ellos, de esta devoción, pero la Iglesia la ha aprobada hace mucho tiempo. En el año 1251, la Santísima Virgen se apareció a San Simón Stock, le dio el escapulario, y le prometió que los que lo llevaran se librarían de la eterna condenación.

En una Bula atribuida al Papa Juan XXII, que murió en el año 1334, se refiere que nuestra Señora le ordenó que hiciese saber a todos que ella libraría en el sábado después de la muerte a los que llevasen el escapulario. Las mismas promesas fueron luego confirmadas por algunos papas y especialmente por Pablo V, el cual, en una Bula de 1613, puso por escrito las condiciones que deben preservarse para ganar esta misericordia única.

Según lo que está escrito en el Oficio Solemne de Nuestra Señora del Monte Carmelo, podemos creer piadosamente que la Santísima Virgen consuela con amor maternal a los miembros de la Cofradía del Carmen en el purgatorio, que pronto los libra por medio de su intercesión, y que los lleva al cielo.

Además del escapulario de Monte Carmelo, los escapularios de los Siete Dolores, de la Santísima Trinidad, y de la Inmaculada Concepción han sido enriquecidos con indulgencias. En cuanto a mí, he procurado recibirlos todos.[1]

Es claro, por supuesto, que la práctica mecánica de los ejercicios espirituales sin las justas disposiciones interiores—como el amor a Dios, la detestación de los pecados cometidos, la intención de enmendarse, etcétera—no es lo que Dios desea. Además, no es lo que le agrada a esta buena Señora, ni tampoco obtiene su ayuda maternal.

Y ¿por qué no debemos buscar las mismas gracias y favores si somos devotos de esta buena Madre? Y si la servimos con amor

[1]Además de los escapularios mencionados por el Santo, hay otros; por ejemplo, los escapularios de la Pasión y de los Sagrados Corazones de Jesús y María.

muy especial ¿por qué no hemos de esperar la gracia de que, al morir, entremos inmediatamente en el paraíso sin pasar por el purgatorio?

Ésta fue la gracia concedida al Beato Godofredo. Nuestra Señora le mandó a Fray Abundio que trajese al Beato Godofredo este mensaje: "Di a Fray Godofredo que progrese rápidamente en la virtud, que así será de mi Hijo y mío; y cuando muere, eximiré a su alma del purgatorio y la ofreceré a mi Hijo."

* * *

Por último, si queremos ayudar a las pobres almas (del purgatorio), hagámoslo pidiendo por ellas en todas nuestras oraciones el socorro de nuestra Señora y rezando por ellas especialmente el Rosario.

3.
María Conduce a Sus Siervos al Cielo

¡Qué hermosa señal de predestinación tienen los siervos de María! Porque ama a todos los seres humanos, María trata de inspirar en todos la devoción a ella. Muchos no permiten que esta devoción eche raíces en sus corazones, y otros dejan de conservarla. Pero ¡bienaventurados los que la reciben y la guardan!

Moraré en la heredad del Señor (Si 24:11—Vulgata). La devoción a la Bienaventurada Virgen habita en todos los que son la heredad del Señor—en los que Lo alabarán eternamente en el cielo.

* * *

¡Cuántas almas están ahora en el cielo que nunca se hallarían allí si no las hubiese llevado allá María por su intercesión poderosa! Por eso, le rogamos continuamente con las palabras de San Ambrosio: "Ábrenos, oh María, las puertas del cielo—tú tienes las llaves."

De hecho, la Iglesia la llama "Puerta del cielo." Además, la llama Estrella del Mar; porque, así como los marinos se dirigen al puerto por medio de una estrella, así los cristianos son guiados al cielo por medio de María.[66]

* * *

La Madre de Dios, por su socorro y sus ruegos, ya nos ha conseguido el cielo, si no le ponemos obstáculos.[67] Por lo tanto, los que sirven a María y cuentan con su intercesión están tan seguros de alcanzar el cielo como si ya estuviesen allí.[68]

Servir a María y ser de su corte es el honor más grande que podemos disfrutar, porque servir a la Reina del Cielo es ya reinar en el cielo, y vivir obedeciendo sus mandatos es más que reinar.[69]

Por el contrario, los que no sirven a María no se salvarán; porque los que carecen de la ayuda de esta excelsa Señora son privados también de la ayuda de su Hijo y de toda la corte celestial.[70]

Incluso los que merecen el infierno no deben nunca desconfiar de alcanzar el reino bienaventurado, si se dedican a servir fielmente a esta Reina.

Ricardo de San Lorenzo observa que Juan, en su *Apocalipsis*, vio a María coronada de doce estrellas: *Y una corona de doce estrellas sobre su cabeza* (12:1). Pero en el *Cantar de los Cantares* se dice que está coronda de fieras, leones, y leopardos: *Ven del Líbano, esposa mía. ¡Ven del Líbano, ven! Serás coronada… desde las guaridas de leones, desde los montes de leopardos* (4:8).

¿Cómo se entiende esto? Responde que estas fieras son pecadores que, por el favor y la intercesión de María, se han convertido en estrellas del paraíso, que van mejor como una corona de esta Reina de misericordia que todas las estrellas materiales del cielo.

* * *

Un día en la novena de la Asunción, Sor Serafina de Capri, la virgen sierva de Dios, le pidió a nuestra Señora la conversión de mil pecadores, pero luego temió que su petición fuese tal vez excesiva.

Se le apareció la Bienaventurada Virgen, y le reprendió su preocupación infundada. "¿Por qué temes? ¿Piensas que no soy tan poderosa como para obtener de mi Hijo la salvación de mil pecadores? Mira—ya he conseguido tal favor."

Al decir esto, María la llevó en espíritu al paraíso, y le mostró a las almas de pecadores innumerables que habían merecido el infierno. Fueron salvados por medio de su intercesión, y ya gozaban de la felicidad eterna.

* * *

Es verdad que nadie puede estar absolutamente seguro de su eterna salvación. *Las personas no saben si merecen amor u odio* (Qo 9:1).

Pero San Buenaventura contesta: "Pecadores, sigamos a María de cerca. Arrojémonos a sus pies sagrados. Abracémonos a ella y no la dejemos nunca hasta que ella nos bendiga." Y su bendición nos asegura el Paraíso.

* * *

Basta, Señora, que quieras salvarnos, y nuestra salvación es segura.[71] Las almas en las que María fija sus ojos serán justificadas y se salvarán necesariamente.[72]

* * *

Pero lo que principalmente debe animarnos a esperar confiadamente la salvación es la promesa hermosa que ha hizo la misma Virgen María a todos los que la honran.

Esta promesa se aplica de modo especial a todos los que, con las palabras y el ejemplo, procuran darla a conocer y hacerla honrar de los demás. *Los que siguen mis obras no pecarán; los que me ensalzan tendrán la vida eterna* (Si 24:30, 31—Vulgata).

¡Felices los que consiguen el favor de María!" exclama San Buenaventura. "Los bienaventurados en gloria reconocerán a éstos como sus compañeros; y el que lleva el emblema de siervo de María será registrado en el libro de la vida."

* * *

¿De qué sirve el inquietarse con las opiniones de los teólogos sobre si la predestinación a la gloria es antes o después de la previsión de los méritos? Si somos verdaderos siervos de María y conseguimos su protección, sin duda seremos inscritos en el Libro de la Vida.

El Señor conoce a los que son Suyos (2 Tim 2:19). Dios reconoce como Suyo al que lleva la señal de ser devoto de María. Por eso, San Bernardo dice que la devoción a María es señal ciertísima de la salvación.

El Beato Alano dice esto: "El que honra a nuestra Bienaventurada Señora, rezando con frecuencia el Avemaría, tiene un indicio muy cierto de la salvación." Además, hablando del Rosario, dice: "Los que lo rezan diariamente tienen una seguridad muy grande de su salvación."

CAPÍTULO 9

OH CLEMENTÍSIMA, OH PIADOSA

La Clemencia y Piedad de María

HABLANDO de la gran compasión de nuestra Señora para con los pecadores, San Bernardo llama a María la Tierra Prometida que mana leche y miel. San León nos dice que, contemplando a María, él ya no ve la justicia de Dios, sino sólo Su misericordia, porque ella es llena de la misericordia de Dios.

* * *

Ella es *como hermoso olivo en la llanura* (Si 24:14). Así como sólo aceite (símbolo de la misericordia) sale del olivo, así de las manos de María manan sólo gracia y misericordia.

¿Por qué se dice que este hermoso olivo, María, está en medio del campo, y no más bien en un huerto cerrado, con muros y cercos? Para que todos puedan mirarla fácilmente, y acudir a ella sin problemas, para obtener el remedio en todos sus males.[73]

Y ¿qué refugio más seguro podemos encontrar que el corazón compasivo de María? Allí los pobres encuentran un asilo, los enfermos una cura, los afligidos el consuelo, los escépticos el consejo, y los desamparados el socorro."[74]

¡Pobres de nosotros, si no tuviéramos una Madre de misericordia, ocupándose de nosotros en cada momento y socorriéndonos en todas nuestras miserias! "*Donde falta la mujer, gime el enfermo*" (Si 36:27–Vulgata). San Juan Damasceno dice: "Esta mujer es la Bienaventurada Virgen María. Donde falta ella, gime el enfermo."

Hay que ser así, ya que todas las gracias se dispensan a las plegarias de María. Donde faltan éstas, no hay esperanza de misericordia, como le reveló nuestro Señor a Santa Brígida: "Si no hubieran intervenido las plegarias de María, no habría habido esperanza de misericordia."

* * *

¿Acaso temes que María no vea o no se compadezca de nuestras necesidades? No, ella las ve y se compadece de éstas mejor que nosotros.

No hay entre todos los Santos alguien que puede compadecerse tanto de nuestras miserias, de cuerpo y anima, como esta mujer, la Bienaventurada Virgen María.[75]

* * *

El historiador romano Suetonio refiere del Emperador Tito que deseaba tanto conceder favores a quien se los pedía que, en el día en que no se le ofrecía ocasión de hacerlo, solía decir con tristeza: "He perdido este día."

Probablemente esto lo decía Tito más por vanidad o por deseo de ser estimado que por verdadera caridad. Pero si María, nuestra Reina, pasara un día sin conceder alguna gracia, podría decir lo que dijo Tito—pero de un deseo sincero de servirnos, porque está llena de caridad.

De hecho, María tiene más ansia de darnos gracias que nosotros de recibirlas. Por lo tanto, cuando a ella acudimos, siempre la encontraremos con las manos llenas de misericordias abundantes.[76]

* * *

Cuando los samaritanos rehusaron recibir a Cristo y Su doctrina, Santiago y San Juan le preguntaron si Él quería que mandasen descender fuego del cielo para consumirlos. Pero el Señor contestó: "*No sabéis de qué espíritu ustedes son*" (Lc 9:55–Vulgata).

Como si dijera Jesús: "Yo soy tan piadoso y dulce que he venido del cielo para salvar a los pecadores, no para castigarlos; y ¿ustedes quieren verlos perdidos? ¿Qué fuego? ¿Qué castigo? No me hablen de castigos, porque ése no es Mi espíritu."

De igual modo María: ella tiene el espíritu del todo semejante al de su Hijo, y nunca podemos dudar que ella sea enteramente misericordiosa. Dijo a Santa Brígida: "Soy llamada la Madre de la misericordia; y fue la misma misericordia de Dios que me hizo tan misericordiosa."

* * *

Apareció en el cielo una gran señal: una mujer vestida de sol (Ap 12:1). San Bernardo dice: "Oh Señora, has vestido al sol, al Verbo Eterno, con carne humana; pero Él te ha revestido con Su poder y misericordia....

"María es tan piadosa y benigna que, cuando se encomiendan a ella los pecadores, sean quienes sean, ella no se pone a examinar sus méritos, ni si son dignos, sino que a todos atiende y socorre."

Por lo tanto, San Ildeberto observa que ella es llamada *hermosa como la luna* (Ct 6:10). Ella derrama su luz y gracia en todos los pecadores, aun los más indignos, como la luna resplandece sobre todas las criaturas.

Y aunque la luna, dice otro autor, toma toda su luz del sol, actúa antes que el sol—es decir, lo que al sol le cuesta un año, la luna lo hace en un mes. Por eso, según San Anselmo: "Más pronto conseguimos lo que pedimos, invocando el nombre de María que invocando el nombre de Jesús."

Tal vez tememos (como hemos ya dicho) acercarnos directamente a Dios Todopoderoso porque es Su Majestad infinita que hemos ofendido. Pero no debemos detenernos en recurrir directamente a María, porque en ella no encontraremos nada que nos asustará.

Es verdad que ella es santa e inmaculada, que es la Reina del universo. Pero al mismo tiempo, ella es de nuestra carne, hija de Adán.

* * *

Acordémonos siempre que la protección de nuestra Señora es más grande y poderosa de lo que podemos imaginarnos.[77] ¿Por qué aquel Dios que en la Antigua Ley era tan riguroso en el castigar es ahora tan misericordioso para con los seres humanos que son culpables de delitos mayores? Todo lo hace por el amor a María, y por sus méritos.[78]

¡Cuánto hace que hubiera sido destruido el mundo, si María no lo sostuviera con su intercesión![79]

Y ahora que el Hijo es nuestro Mediador ante el Eterno Padre, y la Madre ante el Hijo, tenemos acceso pleno a Dios y podemos ir a Él con confianza total, esperando de Él todo bien.

¿Cómo podrá el Padre dejar de escuchar a Su Hijo que Le muestra Su costado y Sus llagas, las marcas de Sus padecimientos por los pecadores? Y ¿cómo podrá el Hijo dejar de escuchar a Su Madre, cuando ella Le presenta los pechos que Lo alimentaron?[80]

* * *

He aquí un ejemplo de la gran misericordia de Maria. En el año 1604, en una ciudad de Flandes, había dos jóvenes estudiantes que, en vez de dedicarse a los estudios, se ocupaban en borracheras.

Una noche estaban los dos en la casa de una mujer de mala vida. Uno de ellos, que se llamaba Ricardo, se quedó allí solamente un rato y se fue a su casa más presto que el otro. Mientras se preparaba para acostarse, se acordó de que no había rezado unas Avemarías, como acostumbraba.

Estaba muy cansado y casi dispuesto a omitirlos; sin embargo, se esforzó, recitando las palabras sin devoción y medio dormido. Se acostó y durmió.

De repente, al oír llamar fuertemente a la puerta, se despertó. La puerta estaba cerrada; pero un joven, desfigurado y horrible, entró y se puso delante de él.

"¿Quién eres?" dijo Ricardo. "¿No me reconoces?" le respondió el otro. "Ah, sí. Ahora, sí, te conozco," dijo Ricardo, "pero eres tan cambiado. ¡Pareces un demonio!"

"¡Desgraciado de mí!" dijo su compañero, "¡estoy condenado! Al salir de aquella casa infame, vino un demonio y me ahogó. Mi cuerpo queda en la calle y mi alma en el infierno.

"Y tienes que saber esto—el mismo destino te esperaba, pero la Bienaventurada Virgen te ha librado de él por ese pequeño obsequio de las Avemarías. Si no eres insensato, aprovecha de este aviso que te ha enviado la Madre de Dios." Levantó su capa, y le enseñó las llamas y las serpientes que lo atormentaban, y luego desapareció.

Prorrumpiendo en llanto amargo, Ricardo se puso de rodillas para dar gracias a María, su protectora. Entonces, mientras pensaba en cambiar de vida, oyó la campana del convento franciscano que tocaba a maitines. Dijo: "Allí me llama Dios a hacer penitencia."

Inmediatamente fue al convento a rogar a los Padres que lo recibiesen. Sabiendo su mala vida, ellos no querían hacerle caso. Pero llorando amargamente, él les contó cuanto acababa de suceder. Marchando dos de los Padres a aquella calle, y encontrando el cadáver ahogado y negro como un carbón, lo acogieron en su convento.

De ahí en adelante, Ricardo se entregó a una vida ejemplar; y a la larga, fue a las Indias a predicar el Evangelio; de allí pasó al Japón. Allá tuvo la suerte de morir mártir de Jesucristo, siendo quemado vivo por la fe en Nagasaki en el 10 de septiembre 1622.

* * *

Concluyamos con las palabras bellas y dulces de San Bernardo: "¡Oh María, tú eres clemente con los que te necesitan, piadosa con los que te invocan, dulce con los que te aman!

"Tú eres clemente con los penitentes, piadosa con los que progresan en la virtud, dulce con los perfectos.

"Tú eres clemente al respaldarnos, piadosa al otorgarnos gracias, y dulce al darte al que te busca."

CAPÍTULO 10

OH DULCE VIRGEN MARÍA

El Nombre de María Es Dulce en la Vida y en la Muerte

EL gran nombre de María no le fue dado a ella por sus padres. Ni fue inventado por el entendimiento o la voluntad de los hombres—vino del cielo y se le impuso por orden divina. Esto lo atestiguan San Jerónimo, San Epifanio, San Antonino, y otros. El nombre de María salió del tesoro de la Divinidad.[81]

Toda la Santísima Trinidad, oh María, te confirió un nombre que está sobre todo nombre, después del de tu Divino Hijo, para que, al ser pronunciado tu nombre, todos doblen la rodilla en el cielo, en la tierra, y debajo de la tierra.[82]

Entre todas las prerrogativas que Dios concedió al nombre de María, resaltaremos la dulzura especial que los siervos de nuestra Señora han encontrado en él, tanto durante la vida como en la muerte.

* * *

El santo anacoreta Honorio solía decir que "el nombre de María está lleno de toda dulzura y divino sabor."

San Antonio de Padua hallaba en el nombre de María la misma dulzura que San Bernardo en el nombre de Jesús. "Alegría en el corazón, miel en los labios, y melodía en el oído de sus devotos es el nombre de Jesús," decía San Bernardo; "es el nombre de María," decía San Antonio.

* * *

Entendemos del *Cantar de los Cantares* que, en la Asunción de nuestra Señora, los ángeles preguntaron por tres veces su nombre: *¿Quién es ésta que sube del desierto, como columna de humo?... ¿Quién es ésta que despunta como el alba?... ¿Quién es ésta que sube del desierto, rebosando en delicias?* (3:6; 6:10; 8:5).

¿Por qué los ángeles preguntan tantas veces el nombre de su Reina? Tal vez era tan dulce para los ángeles oír pronunciar el nombre de María, que por esto repiten sus preguntas.[83]

* * *

Pero yo no hablo de una dulzura *sensible*, porque no se concede a todos. Yo hablo, más bien, de aquella dulzura salvadora, el consuelo, el amor, la alegría, la confianza, y la fortaleza que el nombre de María trae a los que lo pronuncian con devoción.

* * *

Después del sagradísimo nombre de Jesús, el nombre de María es tan rico de bendiciones, así que en la tierra y en el cielo no resuena otro nombre que traiga a los devotos tanta gracia, tanta esperanza, y tanta dulzura.

La maravilla de este nombre es esto: aunque lo oigan mil veces los amantes de María, siempre les traigo nuevo placer, y experimentan siempre la misma dulzura al oírlo pronunciar.[84] ¡Oh nombre dulcísimo!

¡Oh María, qué serás tú misma si tu solo nombre es tan amable y gracioso![85]

* * *

San Bernardo, inflamado de amor, levanta su corazón a esta buena Madre y le dice con ternura: "¡Oh excelsa! ¡Oh piadosa! ¡Oh digna de toda alabanza, santísima Virgen María! ¡Tu nombre es tan dulce y amable, que no se puede pronunciar sin que el que lo nombra no se inflame de amor a ti y a Dios! Tus amantes necesitan sólo acordarse de tu nombre, y esto basta para consolarlos y para acrecentar en ellos el amor."

San Buenaventura declara: "Tu nombre, oh María, no se puede pronunciar devotamente sin que aporte alguna gracia." El Beato Raimundo Jordano dice: "Por más empedernidos y desconfiados sean los pecadores, si sólo invocan el nombre de la Bienaventurada Virgen María, se ablandará admirablemente la dureza de sus corazones."

Oh Señora, concédenos esta gracia: que nos acordemos de nombrarte con frecuencia y de invocarte con amor y confianza; ya que esto muestra o que ya poseemos la gracia de Dios o que pronto la recobraremos.

* * *

Afirma Tomás de Kempis que los demonios temen de tal manera a la Reina del cielo que huyen de aquel que pronuncia su nombre como huyen los hombres de un fuego que abrasa.

Nuestra Bienaventurada Virgen dijo a Santa Brígida que no hay pecadores tan lejos de la gracia de Dios que, invocando el santo nombre de María con propósito de convertirse, no consigan que los demonios se alejen de ellos al instante. Y otra vez le dijo nuestra Señora: "Así como huyen los demonios de los pecadores que invocan mi nombre, así los ángeles se acercan a ellos."

* * *

Así como el respirar es señal de vida, así el invocar con frecuencia el nombre de María es señal o de que se posee la vida sobrenatural o de que pronto se adquirirá. Pues este nombre poderoso tiene el privilegio de obtenerles la ayuda y la vida a los que lo invocan devotamente.[86]

* * *

Ya se sabe—y lo experimentan a diario los devotos de nuestra Señora—que su gran nombre proporciona aquella fuerza especial que es necesaria para vencer todas las tentaciones de la carne. Por eso, San Pedro Crisólogo dice que el nombre de María es indicio de castidad.

Él quería decir: los que dudan si hayan pecado en las tentaciones impuras, pero se acuerdan de haber invocado el nombre de María, tienen una prueba cierta de no haber pecado.

* * *

En los peligros, en las angustias, en las dudas, acuérdate de María, invoca a María; encuéntrese siempre su nombre en tus labios y en tu corazón.[87]

En todos los peligros de perder la gracia divina, pensemos en María e invoquemos su nombre, junto con el nombre de Jesús, pues estos dos nombres van siempre unidos. Si los mantenemos en nuestros corazones y en nuestras bocas, ellos nos darán la fuerza para vencer toda tentación.

* * *

Son consoladoras las promesas que Jesús hizo a los devotos del nombre de María. Jesús, manifestándose un día a Santa Brígida, prometió a Su santísima Madre que recibirán gracias especiales los que invoquen aquel nombre santo con confianza.

Jesús prometió conceder completo dolor y satisfacción de los pecados, la fortaleza para alcanzar a la perfección, y al fin la alegría eterna. Entonces añadió nuestro Salvador: "Porque son para Mí tan dulces y queridas tus palabras, oh Madre Mía, que nunca puedo negarte lo que Me pides."

* * *

San Efrén llega a decir que el nombre de María es la llave de las puertas del cielo. Por eso, tiene razón San Buenaventura cuando dice que "María es la salvación de todos los que la invocan." Con esto quiere decir que es lo mismo obtener la salvación eterna e invocar el nombre de María.

El Beato Raimundo Jordano declara que la invocación de este santo y dulce nombre lleva a conseguir gracias sobreabundantes en esta vida y un alto grado de gloria en la otra.

"Si, pues," dice Tomás de Kempis en uno de sus coloquios, "ustedes desean hallar consuelo en toda aflicción, recurran a María, invoquen a María, honren a María, encomiéndense a María. Regocijen con María, lloren con María, recen con María, caminen con María, busquen a Jesús con María, deseen vivir y morir con Jesús y María.

"Si hacen así, ustedes progresarán en la virtud, María rezará gustosamente por ustedes, y Jesús concederá de buena gana las peticiones de María."

* * *

Por eso, vemos que ya en esta vida el santísimo nombre de María es dulce a sus siervos por las gracias supremas que ella les obtiene. Pero más dulce les resultará en su última hora, por la tranquila y santa muerte que les otorgará.

* * *

El Padre Sertorio Caputo, S.J., exhortaba a todos los que socorrían a los moribundos que les pronunciasen con frecuencia el nombre de María. Pues este nombre de vida y de esperanza, sólo con pronunciarlo, basta para dispersar a los demonios y para confortar a los agonizantes.

La invocación de los nombres sagrados de Jesús y María es una oración breve—tan dulce para meditarla y fuerte para proteger, cuanto es fácil conservarla en la memoria.[88]

* * *

¡Qué dicha morir como el capuchino, el Padre Fulgencio de Ascoli! Él expiró cantando: "¡Oh María, oh María, la criatura más hermosa; vayamos al cielo juntos!" O como el Beato Enrique, el cisterciense, que murió pronunciando el dulcísimo nombre de María.

* * *

Querido lector, roguemos a Dios que nos conceda esta gracia de que, al morir, la última palabra en nuestros labios sea el nombre de María. San Germán pidió esta gracia, diciendo: "Al moverse por su última vez, formen mis labios el nombre de la Madre de Dios." Dulce y segura es aquella muerte que está acompañada y protegida por su nombre salvador.

* * *

¡Oh dulce Señora y Madre mía! Te amo profundamente. Y porque te amo, amo también tu santo nombre. Propongo y espero invocarlo constantemente durante la vida y en la hora de la muerte.

CONCLUSIÓN

Y CON esto, lector mío querido, me despido de ti y digo: Prosigue alegremente honrando y amando a esta buena Señora, y procura también, cuanto más puedas, que la amen los demás. Confía de que, si perseveras en la verdadera devoción a María hasta la muerte, tu salvación está asegurada.

Ahora termino, no porque no tengo más que decir de las glorias de esta gran Reina, sino por no cansarte más. Lo poco que he escrito bien puede bastarte para que te esfuerces por conseguir esta enorme gracia de la devoción a la Madre de Dios. Ella corresponderá completamente con su poderoso patrocinio.

Agradece, pues, el deseo que me ha animado en esta obra de guiarte a la salvación y a la santidad, inflamándote con amor y con apasionada devoción a esta amabilísima Reina. Y si reconoces que este libro te ha servido algún poco a ello, por caridad te ruego que me encomiendes a María y le pidas para mí las mismas gracias que yo le pido para ti, para que un día nos veamos juntos a sus pies, con todos los demás hijos suyos muy amados.

* * *

En conclusión, me vuelve a ti, oh Madre de mi Señor y Madre mía María. Te sea agradable este mis pobres trabajos y mi deseo de verte alabada y amada por todos.

Tú sabes cuánto he deseado acabar esta obrita sobre tus glorias antes de la terminación de mi vida, que ya se acerca al fin.[1] Ahora muero contento, dejando tras mí este libro, que sigue alabándote y predicándote como he procurado hacer siempre desde el día en que tus oraciones consiguieron mi conversión.

Oh María Inmaculada, te encomiendo a todos los que te aman, y especialmente a los que leerán este librito, y más particularmente a los que tendrán la caridad de encomendarme a ti. Oh Señora, concédeles la perseverancia; hazlos todos Santos, y llévalos por fin a alabarte todos juntos en el cielo.

---

[1] En aquel entonces, el Santo tenía cincuenta y cuatro años, y estaba agotado por su estilo austero de vida y por el trabajo excesivo. Pero vivió treinta y siete años más, y llevó a cabo una enormidad de obras, presionado por un voto que él había hecho: nunca perder un solo minuto de su vida.

Oh mi dulcísima Madre, es verdad que soy un pobre pecador, pero me glorío de amarte; espero de ti grandes cosas y, entre otras gracias, el de morir amándote.

Espero que, en las angustias de mi agonía final, cuando el demonio me pondrá ante los ojos mis pecados, la Pasión de Jesús en primer lugar y luego tu intercesión me apoyen y me permitan salir de esta vida miserable en gracia de Dios, para que yo Lo ame y te dé gracias a ti, mi Madre, por los siglos de los siglos. Amén.

REFERENCIAS

Los números en el texto se refieren a las fuentes siguientes. Quien quiere aprender las obras precisas de que provienen las citas puede hallarlas en una traducción completa de *Las Glorias de María*.

CAPÍTULO 1

1. Abad Ruperto
2. San Alberto Magno
3. Séneca
4. San Bernardo
5. Abad Guillermo
6. San Roberto Belarmino
7. Paciucchelli
8. San Buenaventura
9. San Anselmo y San Antonino
10. San Anselmo
11. Ricardo de San Lorenzo

CAPÍTULO 2

12. San Buenaventura
13. Papa Inocencio III
14. San Bernardo
15. San Bernardo
16. San Anselmo
17. Padre Crasset

CAPÍTULO 3

18. San Anselmo
19. Lanspergio
20. Cardenal Hugo
21. Papa Inocencio III
22. San Buenaventura

CAPÍTULO 4

23. Novarino
24. Ribera

25. Beato Amadeo
26. Ricardo de San Lorenzo
27. Ricardo de San Víctor
28. San Bernardo
29. Blosio
30. Nicéforo
31. San Bernardino de Siena
32. San Bernardino de Siena
33. Ricardo de San Lorenzo
34. San Buenaventura

CAPÍTULO 5

35. San Jerónimo (?)
36. San Bernardo
37. San Anselmo

CAPÍTULO 6

38. San Bernardino
39. Ricardo de San Lorenzo
40. San Antonino
41. San Agustín
42. San Metodio
43. San Dionisio Cartujano
44. Ricardo de San Lorenzo
45. San Juan Geómetra
46. San Buenaventura
47. San Juan Crisóstomo
48. San Anselmo
49. San Buenaventura

CAPÍTULO 7

50. Ricardo de San Lorenzo
51. San Buenaventura
52. San Beda el Venerable
53. San Bernardo
54. San Buenaventura
55. San Ildeberto

CAPÍTULO 8

56. Paciucchelli
57. San Bernardo
58. San Antonino
59. San Bernardo
60. San Anselmo
61. Ricardo de San Victor
62. San Bernardino de Siena
63. Novarino
64. San Vicente Ferrer
65. Novarino
66. Santo Tomás de Aquino
67. San Antonino
68. Abad Guerrico
69. San Juan Damasceno
70. San Juan Damasceno
71. San Anselmo
72. San Antonino

CAPÍTULO 9

73. Hugo de San Victor?
74. Tomás de Kempis
75. San Antonino
76. San Bernardino de Bustos
77. San Germán
78. El autor del *Pomerio*
79. San Fulgencio
80. San Arnoldo Carnotense

CAPÍTULO 10

81. Ricardo de San Lorenzo
82. Ricardo de San Lorenzo
83. Ricardo de San Lorenzo
84. Abad Francón
85. Beato Enrique Susón
86. San Germán
87. San Bernardo
88. Tomás de Kempis

San Gerardo Mayela San Juan Neuman
San Alfonso de Ligorio San Clemente María Hofbauer

ORACIONES A NUESTRA SEÑORA POR SAN ALFONSO

ORACIÓN DE CONFIANZA EN MARÍA

¡Santísima Virgen Inmaculada y Madre mía María! A ti, quien eres la Madre de mi Señor, la Reina del mundo, la Abogada, la Esperanza, y el Refugio de los pecadores, recurro hoy día yo, que soy el más miserable de todos.

Te rendo mi humildísimo homenaje, oh gran Reina, y te doy gracias por todos los favores que hasta ahora me has hecho, especialmente por haberme librado del infierno, que tantas veces he merecido.

Te amo, Señora amabilísima; y por el amor que te profeso, prometo servirte siempre y hacer cuanto pueda para que todos los demás también te amen. Pongo en ti todas mis esperanzas. Te confío mi salvación.

Admíteme por siervo tuyo, y acógeme bajo tu manto, oh Madre de misericordia. Y ya que eres tan poderosa ante Dios, líbrame de todas las tentaciones; o más bien, consígueme la fuerza para vencerlas hasta la muerte.

Te pido un verdadero amor a Jesucristo. Per medio de ti, espero tener una buena muerte. Oh mi Madre, por el amor que tienes a Dios te ruego que siempre me ayudes, pero especialmente en el último instante de mi vida.

No me abandones hasta que me veas salvo en el cielo, bendiciéndote y cantando tus misericordias por toda la eternidad.

Así lo espero. Así sea.

* * *

DEDICACIÓN DE SÍ MISMO A MARÍA

SANTÍSIMA Virgen María, Madre de Dios, no soy digno de ser tu siervo. Pero animado por tu gran piedad y por mi deseo de servirte, yo te elijo hoy, en presencia de mi ángel custodio y de toda la corte celestial, por mi Señora, Abogada, y Madre.

Propongo firmemente amarte y servirte siempre y hacer cuanto yo pueda para que los demás te amen y te sirvan.

Oh Madre de Dios y Madre mía piadosísima, te suplico, por la sangre que tu Hijo derramó por mí, que me admitas en el número de los devotos por tu hijo y siervo para siempre. Ayúdame en todos mis pensamientos, palabras, y obras en todos los instantes de mi vida, para que todos mis pasos y todo mi aliento se dirijan a mayor gloria de mi Dios.

Por tu poderosísima intercesión, no ofenda yo nunca a mi amado Jesús. Ayúdame para que yo Lo glorifique y Lo ame en esta vida.

Ayúdame a amar también a ti, querida y amabilísima Madre, y a proseguir amándote por todos los siglos en el cielo. Madre mía María, te encomiendo mi alma ahora y especialmente en la hora de mi muerte.

* * *

DEDICACIÓN DE LA FAMILIA A MARÍA

¡BEATÍSIMA Virgen María, Inmaculada Reina y Madre, refugio y consuelo de todos los miserables! Me arrodillo delante de ti con mi familia, y te elijo por mi Señora, Madre, y Abogada cerca de Dios.

Me dedico a mí y consagro también a todos los míos para siempre a tu servicio. Te ruego, oh Madre de Dios, que me coloques en el número de tus siervos. Acógenos bajo tu protección. Ayúdanos durante esta vida y en la hora de nuestra muerte.

Madre de misericordia, yo te nombro Señora y Reina de mi familia y parientes, de mis intereses y de todas mis empresas. Hazte cargo de ellos; y dispone de todo según te plazca.

Bendíceme a mí y a toda mi familia. No permitas que ninguno de nosotros ofenda a tu Hijo. En toda tentación, defiéndenos; protégenos en todos los peligros; provéenos en las necesidades de la vida; aconséjanos en las dudas; consuélanos en todo dolor, en toda enfermedad, y especialmente en las angustias de la muerte.

No permitas que las potestades del infierno puedan gloriarse de haber esclavizado ninguno de nosotros que aquí se consagra a ti. Haz que todos nosotros entremos en el cielo para darte gracias y para, junto con ti, alabar y amar a nuestro Redentor por toda la eternidad. Amén. Así sea.

* * *

ORACIÓN POR LA PERSEVERANCIA

REINA del cielo, santísima María, en otro tiempo yo era esclavo del pecado, pero ahora me consagro a ti para siempre por tu devoto. Me ofrezco a honorarte y servirte durante toda mi vida. No me rechaces como merezco, sino recíbeme por tu siervo.

He puesto toda mi esperanza en ti, mi Madre. Bendigo y doy gracias a Dios Todopoderoso, porque en Su misericordia me ha dado esta confianza en ti.

Es verdad que antes he caído vergonzosamente en el pecado; pero yo creo que, por tus plegarias y los méritos de Jesucristo, he sido perdonado. Sin embargo, Madre mía, esto no basta. Un temor me aflige—que yo pueda caer de nuevo en el pecado y perder la gracia de Dios.

Los peligros son constantes; mis enemigos no duermen nunca; y nuevas tentaciones me asaltan. Oh mi Señora, protégeme. Socórreme en los asaltos del infierno, para que yo nunca más ofenda a tu Divino Hijo Jesús.

Qué la misma cosa—es decir, que yo pierdo mi alma, el cielo, y Dios—no acontezca más. Ésta es la gracia que te pido, oh María; esto es lo que deseo; consígueme esta gracia por medio de tus oraciones. Amén. Así lo espero. Así sea.

* * *

ORACIÓN POR EL AMOR A JESÚS Y MARIA

OH María, entre todas las criaturas, tu eres la más noble, la más pura, la más santa, la más sublime, la más bella. ¡Oh Señora mía, qué todos te conozcan y te amen, como mereces!

Pero me consuela el pensar que muchas almas en el cielo y muchas personas santas en la tierra te aman por tu bondad y belleza. Sobre todo, me alegro de que Dios Mismo te ama más que a todos los seres humanos y los ángeles juntos.

Aunque soy un pecador, yo te amo también, oh amabilísima Reina. Pero te amo demasiado poco. Deseo amarte con más tierno cariño, y eres tú que tienes que conseguirme esta gracia. Amarte es una señal única de predestinación, una gracia que Dios otorga a los salvados.

Y yo me doy cuenta también de mi gran deber de amar a tu Hijo; veo que Él merece un amor infinito. Ya que deseas verlo amado mucho, obtenme esta gracia—un amor profundo por Jesucristo.

Deseo ningún bien terrenal, honor, o riqueza. Te pido lo que tu corazón desea mucho más: amar a mi Dios sólo. ¿Es probable que tú no me ayudes, satisfaciendo mi aspiración, que tanto te agrada? Ah no, pues, aun ahora tú rezas por mí.

Reza por mí, María; y nunca dejes de rezar por mí hasta que me saludes en el cielo. Allá poseeré a mi Dios para siempre. Allí poseeré también a mi queridísima Madre. Amén.

* * *

ORACIÓN POR UNA BUENA MUERTE

SANTÍSIMA María, Madre completamente buena y plenamente amorosa, cuando me acuerdo de mis pecados y pienso en el instante de mi muerte, yo tiemblo y apenas sé a donde recurrir. Pero mi esperanza está en la Sangre de Jesucristo y intercesión poderosa, oh mi Madre amorosa.

Consoladora de los afligidos, quédate conmigo en esa hora, consuélame en aquella gran aflicción. Si aun ahora el remordimiento por mis pecados, la incertidumbre del perdón, el peligro de la recaída, y la rigidez de la Divina Justicia me asustan tanto, ¿qué será entonces de mí?

Ah Señora mía, antes de mi muerte, consígueme un dolor profundo de mis pecados, la verdadera enmienda, y la fidelidad a Dios en lo que me resta de vida.

Y finalmente, cuando llega la hora de la muerte, oh María, mi esperanza, socórreme en aquella angustia terrible en la que me encontraré. Dame fortaleza para que no me desespere a la vista de mis culpas que me opondrá el demonio.

Consígueme la gracia de que yo pueda invocarte repetidas veces en aquella hora terrible, para que yo muera con tu nombre y con el nombre de tu santísimo Hijo en mis labios. Has otorgado esta gracia a muchos de tus devotos. Yo también la deseo y la espero. Amén.

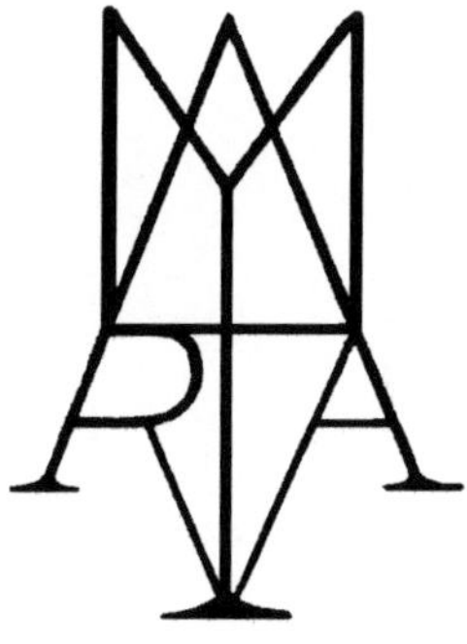

OTROS NUEVOS LIBROS CATOLICOS

BIBLIA DE AMERICA—Esta traducción aprobada y completa es de los textos originales. Su carácter pastoral hace que sea una selección excelente para las personas laicas, religiosas y sacerdotes. **No. 610/22BLKS**

LIBRO CATOLICO DE ORACIONES—Por el Rev. M. Fitzgerald. Tipo grande. Contiene oraciones Católicas favoritas: para todos los días; para la Misa; a la Sma. Trinidad; a María; y los Santos. Ilustrado en colores. **No. 438/S**

TESORO DE NOVENAS—Por el Rev. Lorenzo Lovasik, S.V.D. Unas cuarenta Novenas populares, esmeradamente preparadas para uso privado dentre del marco litúrgico y Fiestas del Señor, de María y de algunos Santos. Ilustrado en colores. **No. 346/22S**

CATECISMO ILUSTRADO SAN JOSÉ—Por el Rev. A. Lodders, C.SS.R.—Enseñanzas Católicas Esenciales. Este libro dará a padres, niños y maestros—de hecho a todos los interesados—las respuestas correctas acerca de los fundamentos de la Fe Católica. Ilustrado en colores. **No. 68/S**

IMITACION DE CRISTO—Por Thomas à Kempis. Aquí está la nueva edición que es fácil de leer. **No. 321/00S**

CADA DÍA ES UN DON—Contiene meditaciones para cada día, presentando un texto de las Sagradas Escrituras, una cita de los escritos de un Santo y una oración adecuada impresa en dos colores. Incluye una cinta marcadora. **No. 595/19S**

MARÍA DÍA POR DÍA—Meditaciones sobre la Virgen María para cada día del año, incluyendo: un texto bíblico, una cita de un Santo, y una oración final. Impresa in dos colores. **No. 180/19S**

ILUSTRADAS LAS VIDAS DE LOS SANTOS—Una biografía breve de un Santo o Beato y una oración para cada día del año. Más de 80 grabados en colores. **No. 864/22S**

catholicbookpublishing.com

ISBN 978-1-947070-99-8

90000

9 781947 070998